JN408850

한국스토리문인협회 수필 동인
자작나무수필 동인지 2023년 제8집

# 잊지 못할 복숭아 서리

한국스토리문인협회 수필 동인
자작나무수필 동인지 2023년 제8집

# 잊지 못할 복숭아 서리

김남식 외

어느덧 하루해가 뉘엿뉘엿 넘어가고 있었다
전부 집으로 가서 저녁을 먹고
다시 모이기로 했다
가슴이 벌써부터 쾅쾅 뛰었다

문학공원

# 책을 펴내며

수필은 그 시대 사람들에 대한 삶의 반영이다. 무슨 일이 있었고, 무얼 먹고 살며, 무엇을 추구하는지 수필집을 읽으면 알 수 있다. 이번에 펴내는 자작나무수필 동인들의 수필도 그렇다. 미주알고주알 자기 삶을 반영해서 감동과 눈물을 자아내게 한다.

일부 사람들은 수필을 붓 가는 대로 쓰는 형식이 없는 글이라지만, 수필을 그렇게 쉽게만 치부할 일은 아니란 생각이다. 화가 천경자 선생도, 신달자 시인도 수필을 써서 가계에 보탬을 주며 살았다고 회고하는 걸 보면, 얼마나 많은 사람들이 수필을 통해 위안을 받고, 수필을 통해 보다 나은 삶을 모색한다.

그런 동인활동을 벌써 8권째 이어오고 있다. 그동안 우리 자작나무수필 동인활동을 통해 정말 빼어난 작가들이 탄생했다. 한국스토리문인협회 카페를 한결같이 지켜주고 계신 대구의 박 하 수필가와 구리의 김태연 수필가, 청주에 사는 박찬란 수필가, 포천의 임경애 수필가, 은평의 김남식 수필가 등은 우리 한국스토리문인협회의 자랑이다.

어떤 땐 '내가 왜 이리 힘든 길을 가고 있는가?' 하는 생각이 들 때도 있다. 돈 안 되는 문학사업, 마누라 고생시키는 문학사업에 뛰어든 나 자신이 원망스러울 때도 있었다. 그런데 벌써 그 삶이 20년이 넘었다. 42세의 젊은 나이로 출판사를 차려, 내가 출판을 시작한지 벌써 22년이 지났다. ≪스토리문학≫도 내년 6월로 만 20주년이 된다.

그동안 ≪스토리문학≫을 통해 등단한 작가가 500여 명이요, 111호를 이어오는 동안 발표한 작가만 5,000여 명에 이르고, 문학공원 시동인, 소설소셜 소설동인, 자작나무수필 동인의 동인지에 함께 참여해온 작가가 연인원 1500명이 된다. 그리하여 ≪스토리문학≫의 모태가 되는 도서출판 문학공원에서 발간된 서적이 1,000권에 이르고, 이제 ≪스토리문학≫은 한국에서 문인이라면 모르는 사람이 없을 정도가 됐다. 모두 함께해준 동인들 덕분이다.

지난 해에 최현근 스토리문학관 회장님께서 타개하셨다. ≪스토리문학≫이란 이름은 스토리문학관에 기초한다. 스토리문학관 사이트를 이전해 운영하고 싶지만, 자녀가 상속을 받아서 이전해주어야 한다는데, 그렇게까지 할 필요가 있느냐는 생각도 들고, 몇 개월 비용을 내고 운영해봤더니 비용이 만만치 않게 든다. 그리고 홈페이지의 부재를 그렇게 안타깝게 생각하는 사람도 많지 않다. 모든 것이 생성과 소멸을 거친다. 스토리문학관은 사라졌지만, 내가 아직 60대 초반이니 스토리문학은 최소한 20년 더 갈 수 있으리라. 늘 밝고 환한 웃음을 주시던 최현근 회장님의 영전에 이 동인지를 바친다.

2023년 7월 22일

한국스토리문인협회 회장 김 순 진

○○○○○

# 차례

〈접수순〉


박　하 - 가슴에 새긴 세 글자 외 2편 … 10

김남식 - 칼국수 외 2편 … 26

임경애 - 빛나는 눈동자 외 2편 … 44

이옥순 - 가장 행복했다고 말하리 외 2편 … 58

이영하 - 가슴속 열정의 화산에 불을 지펴라 외 2편 … 70

권영분 - 오이도의 밤 외 2편 … 86

유인자 - 언니와의 추억 외 2편 … 94

백금선 - 내 삶의 노래를 외 2편 … 106

김탁기 - 잊지 못할 복숭아 서리 외 2편 … 120

이종필 - 노년에 새기는 우정 외 2편 … 138

윤선혜 - 서리 외 2편 … 152

양연준 - 자동차 소년 … 168

박인숙 - 편지 외 2편 … 178

박정자 - 『인생 수업』을 읽고 외 2편 … 192

김순진 - 칭찬의 기적 외 2편 … 204

○○○○○

# 박 하

1947년 대구 출생. 신명여고 졸업(1965), 계명대학교 보육학과 졸업(1968)
≪크리스천문학≫ 등단(1998), 격월간 ≪수필과 비평≫ 등단(1999).
계간 ≪현대수필≫ 등단(2000 봄호)
계간 ≪지구문학≫ 소설 등단(2008 여름호). 계간 ≪지구문학≫ 등단(2011)
농민문학작가상, 스토리문학상, 순리문학상, 팔거문학대상, 영호남수필문학상 등 다수.
수필집 『파랑새가 있는 동촌 금호강』(2000 문학관) , 『인생』(2002 문학관) , 『멘토의 기쁨』(2007문학관) , 『초록웃음』(2008 문학관), 『퓨전밥상』(2010 문학관) 등

E-mail : parkha620@hanmail.net

# 가슴에 새긴 세 글자 외 2편

박 하

1997년 7월, 여름 장마철의 토요일, 아내와 딸을 보려고 그가 대구 집에 왔다.

우리 부부는 딸과 같이 '델타마트'에서 생필품과 찬거리를 사고 세 식구는 1톤 트럭을 타고 즐겁게 노래 부르며 별장처럼 지어놓은 시골집으로 향했다.

집에 도착하니, 뜰에 오색의 꽃들이 반겨준다. 남편은 집안에 들어오지 않고 사슴목장에 갔다 오겠다고 하기에, 나는 저녁밥과 반찬 아주 맛있게 해놓을 테니 기대하라고 말하며 그에게 손을 흔들었다. 나는 주방에서 저녁 준비를 하고, 고등학교 1학년인 딸은 트랜지스터로 엘가의 '사랑의 인사'를 감상하며 제 방을 정리 정돈하고 있었다.

사슴목장에서 남편에게 사고가 일어났지만, 나와 딸은 전혀 알지 못했다.

그가 집에 왔다. 나와 딸은 반가이 맞이했다. 그는 사슴목장에서 모기떼를 전멸하고자 약통을 어깨에 메고 농약을 살포하자, 갑자기 모기떼 수천 마리가 한꺼번에 우르르 몰려들어 얼른 피하려다가 넘어져 땅바닥에 머리를 세게 박아 정신을 잃었다고 한다. 땅바닥에 누워서 있다가 정신을 차린 후에 집에 왔다며 얘기를 해주었다. 세상에! 그런 일이 있었다니…….

남편이 약간 어지러워 병원에 간다기에, 아내인 나도 따라나섰다. 그를 진찰한 시골병원 의사는 대수롭지 않게 과로라며 링거 영양제 주사를 꽂아주었다. 집에 와서 그는 약간의 구토 증세를 보였지만, 아둔한 나는 낮에 점심으로 급히 먹은 칼국수 때문에 체한 줄 알았다.

다음 날 주일 아침, 우리 부부와 딸은 교회에 예배드리러 갔다. 교회에서 그는 구토를 조금 했다. 여고 교장으로 퇴임하신 시숙님이 그 장면을 보고는 구토는 뇌와 관계되니 얼른 큰 병원에 가보라고 하셨다. 우리는 주일성수하고 병원에 가겠다고 말씀드렸다. 월요일 오후에 아직도 병원에 가지 않았느냐는 시숙님의 다그치는 전화를 받고서야 부랴부랴 대구 P병원에 갔다. CT 촬영한 결과 뇌에 동맥과 정맥이 붙어 달걀 크기만큼 부어있다며 서울의 큰 병원으로 가보라고 권유했다. 마른하늘에 날벼락 같은 청천벽력이었다.

마침 서울 S병원 이사이신 큰고모부가 특실을 마련해주어 순조롭게 입원할 수 있어 다행이라 여겼다. 119차 타고 서울로 올라가며 삐뽀삐뽀 요란하게 울리는 소릴 들은 그가 이 소리도 살아있어서 들을 수 있으니 감사하다고 했다.

S의료원에 도착했다. 여러 가지 검사 결과, 병명은 뇌혈관질환이었다. 의사는 수술하면 괜찮다고 했다. 남편은 S의료원에서 17일 동

안 정상인처럼 생활했다. 의사는 날마다 환자에게 이름을 묻고 오늘 며칠이냐고 기본적인 질문을 할 적마다 남편은 정확하게 말해주었다. 식사 잘하고, 신문 보고, 전화 받고, 병문안 온 친구와 친척, 교인들과 얘기 나누고, TV 기독교 방송 채널의 설교를 듣고, 상영하는 영화도 감상하고, 맑은 공기 마시며 뜰 산책도 했다. 환자로 입원해 있다기보다 처형(나의 언니)의 말처럼 좋은 휴양지에 와서 지내는 것 같았다. 취침시간이면 그는 아내의 배에 손을 얹으며 고향에 온 것처럼 편안하다고 말하며 어느새 잠이 들었다.

의사가 환자의 상처를 금방 수술하지 않는 것은 달걀 크기의 상처 부분을 최대한 작게 해서 '감마나이프'로 수술하니 아무 걱정하지 마시라고 했다. 그때가 마침 여름 휴가철이라, 의사들도 휴가 가는 시기였다. 하루는 담당의가 와서 그에게 지금 상태가 양호하니, 일단 퇴원하셔서 한 보름 동안 시골 과수원집에서 쉬시다가 병원에서 연락하면 다시 입원하는 게 좋겠다며 퇴원하기를 종용했다. 환자는 의사의 말을 듣는 게 당연하다. 완쾌해서 퇴원하고 싶었건만, 의사의 간곡한 부탁이라 퇴원하지 않을 수 없었다.

그의 여동생(나의 시누님)이 오빠를 모시러 왔다. '저희 집에서 하룻밤 지내고 가세요.'라기에 고모와 기사가 운전하는 승용차에 탔다. 그러나 이 무슨 운명의 장난이란 말인가. 퇴원한 바로 그날 여동생 집에서 그는 저녁 먹은 음식을 다 토해내었다. 나는 놀라움에 어찌할 바를 몰랐다. 고모부가 황급히 119에 연락하자, 차가 즉시 왔다. 119 차에 실려 도로 S병원으로 갔다. 휴가 간 의사가 연락을 받고

급히 뛰어왔다. 남편은 수술실로 들어갔다. 본래 하려고 하던 수술도 아닌 뇌에 피 제거하는 수술을 하는데 무려 4시간 40분이나 소요했다. 나는 피가 마르고 애간장이 바짝 탔다. 담당의를 붙들고 어떻게 이처럼 심각한 환자를 왜 퇴원시켰느냐고 울부짖으며 항의하자, 담당의는 어이없게도 "뇌가 하는 일은 의사도 잘 모릅니다."라고 말하는 게 아닌가. 기가 막히고 억장이 무너졌지만, 마음을 간신히 진정하며 담당의에게 최선을 다해 제발 그이의 목숨을 살려 달라고 간곡히 애원했다.

이틀 후, 중환자실에 있는 그를 면회해도 좋다고 하는 담당의의 허락이 떨어졌다. 가엾게도 그는 초췌한 모습으로 침대에 누워있었다. 입과 기도로 연결한 긴 호수의 약병을 주렁주렁 달고 있어서 말 한마디 할 수 없어 슬픈 눈으로 나를 바라보았다. '말하고 싶을 텐데…….' 하고 싶은 말을 하지 못하니 얼마나 답답할까. 그는 자신의 마음을 그 선량한 눈으로 아내에게 전하고 있었다. 이미 몸의 반쪽은 마비되어 나무토막처럼 굳어있었다. 그저께까지만 해도 뜰을 산책하며, 나보고 토마토보다 여름철 귤이 더 맛있다고 말해주던 사람이……. 중환자가 되어 누워있다니……. "면회시간이 다 되었습니다."라는 간호사의 말에 그를 두고 돌아서려는데, 가랑잎 같은 손이 내 손을 잡으며 흐느껴 우는 게 아닌가. 남자인 그가 우는 걸 생전 처음 보니, 가엾고 안쓰러워 나도 눈물이 왈칵 솟구쳤지만, 그에게 힘이 되어주어야 할 보호자이기에 애써 눈물을 삼키며 곧 나을 테니 안심하라고 위로해주었다. 담당의가 와서 남편에게 "김정호 씨, 부인에게 하고 싶은 얘기 많겠지만, 조금만 참으면 수술 잘 되어 퇴원하실 테니 그때 마음껏 얘기하세요."라고 했다. 환자가 흥분하면 안 좋으니 보호자가 마음을 평온하게 해주라고 부탁하기에, 나는 웃음 띤 표정을 지으며 하나님께서 히스기아처럼 당신의 생명을 틀림없이 연장해 주실 거라고 위로했다.

상처를 작아지게 해서 하려던 뇌혈관질환 수술이 더 어려운 상황을 만들어버렸다. 의사는 또 언제 환자의 상처 부위가 터질지 모른다며 수술을 앞당긴다고 했다. 나는 중환자대기실 소파에서 몸을 새우처럼 구부리고 밤을 지새우면서 하나님께 그를 살려달라고 간절히 기도했다.

수술하는 날 아침, 중환자실 병원복도로 뛰어갔다. 일흔이 넘은 시숙님, 시누이님들도 그를 보려고 초조하게 복도에서 기다리고 있었다. 다들 그의 수술이 잘 되기만을 기도하며 소망했다. 마침 중환자실 문이 열리고 이동 침대에 누운 그가 수술실을 향하여 바삐 실려 가고 있었다. 나는 이 말을 그에게 꼭 해주고 싶었다. 이동 침대 가까이 다가가 그의 선량한 눈과 마주치며 "여보, 주님께서 지켜주시니 아무 걱정하지 마세요. 수술이 성공적으로 잘 될 테니 안심하라며 그의 귀에 대고 꼭 해주고 싶은 말 '사랑해'라고 속삭여주었다. 그도 나한테 그 말을 해주고 싶은지 내 손을 '꼬옥 잡았다가 놓아주기'를 세 번의 간격으로 표시했다. 그 순간! 전율처럼 전해져오는 벅

찬 환희를 어떻게 표현할까. 마치 폭포수가 나의 온 전신에 축복의 '다이돌핀'으로 쏟아지는 크나큰 감동이었다. 평생 잊을 수 없는, 영원히 지울 수 없는 사랑의 화인(火印)이 내 가슴에 새겨졌다. 기쁨의 이슬이 눈가에 맺히고, 그의 눈가에도 이슬이 맺혔다. 그는 나에게 평온한 모습으로 한 손을 들어 조용히 흔들어주었다. 이동 침대는 미끄러지듯 중앙수술실로 들어갔다. 문이 굳게 닫혔다.

오전 7시에 수술실에 들어갔는데 밤 10시 가까이 되어서 겨우 수술이 끝났다. 무려 15시간이나 걸리는 대수술이었다.

이 슬픔을 어찌하랴! 뇌수술 후에 그는 잠에서 영영 깨어나지 않았다. 그의 영혼은 고통과 아픔이 없는 평화로운 곳으로 갔다.

내 가슴에 영원히 지울 수 없는 '사랑해' 세 글자를 새겨주고 꽃들이 만발한 하늘나라로!

# 순수의 시절로 가고파라

1947년 유월, 나는 사과 축이 탐스러운 계절에 동촌 과수원집에서 태어났다.

푸른 하늘 비치던 강물, 초록 풀 냄새 피어나는 강둑, 하얀 아카시아꽃 과수원 울타리, 꼬맹이 친구들과 물장구치던 금호강, 사내아이들 꽁무니 뒤따르며 '오다리 쫑쫑 붙어라 쫑쫑.' 노래로 고추잠자리 찾던 들판. 한겨울 샛강의 투명한 얼음 보석!

큰언니의 손을 잡고 흰 가제 손수건 가슴에 훈장처럼 달고 초등학교에 입학한 날, 여선생님의 하나둘 구령에 맞춰 셋 넷 화답하며 걷다가 운동장 가에 벚꽃에 정신 팔려 넘어져 무릎에 피나도, 벚꽃이 좋아 아프지 않던 일.

"바둑아 바둑아. 이리 와. 나하고 같이 놀자" 국어 쓰기 열 번 숙제는 팔이 저리고 아팠다. 글씨는 삐뚤삐뚤, 연필심은 뚝뚝 부러져 손가락에 침 묻혀 지우다 종이가 뻥! 뚫어져 콩알 같은 간이 천길만길 떨어지며 화들짝! 놀라던 일.

그림 시간이 좋았다. 새로 산 6가지 지구크레용의 감격을 어찌 잊으랴! 크레용이 닳을까 봐 아끼고 아꼈다. 요즈음은 크레파스 색상이 48가지나 되고, 교실에 주인 잃은 학용품이 산더미 같다는 교사의 푸념에서 격세지감을 느낀다.

교실이 모자라 소나무 심어진 '임간교실'과 강둑에 앉아 제비꽃과 나비와 함께 공부했다. 운동회 때마다 백군이 이겨 연못에 나뭇잎 배 띄우며 청군 이기게 해달라고 기도했다, 화단의 매화, 채송화, 분꽃, 원추리꽃……, 등을 보며 우리는 꽃과 같이 자랐다.

대청소 날, 교실 복도 바닥에 양초 칠하여 걸레로 박박 닦는데, 한 머슴애가 급히 뛰어가다가 넘어져 엉덩방아 찧어 까르르 웃던 일.

신토불이 음식 개떡, 송기떡, 쑥버무리……, 먹고 목마르면 부뚜막의 구수한 숭늉을 마셨다. 할머니의 '옛날 옛적 갓날 갓적'의 이야기는 무한한 상상력을 키워주었다.

4학년 때 운동장 한쪽에 상추밭을 배당받아 열심히 가꾸며 물 주었다. 점심시간에 선생님과 반 아이들이 둥글게 앉아 상추쌈 싸서 먹으면 소풍 온 것 같았다. 요즈음 아이들은 피자와 햄버거, 치킨, 콜라 좋아하며 스마트폰에 푹 빠져 있다.

내 어릴 적엔 숨바꼭질, 줄넘기, 고무줄놀이, 올케차기, 깡통차기, 오자미던지기, 공기놀이, 땅따먹기, '무궁화꽃이 피었습니다' 놀이를 했다. 설날에는 널뛰기, 정월 대보름에는 쥐불놀이, 추석에는 강강수월래, 단오에는 창포물에 머릴 감고 버드나무 아래 춘향이처럼 그네 탔다. 야생화 들꽃같이 향기 은은하던 어린 시절!

사랑채 양지바른 툇마루에 옆집 '늠이'하고 사금파리로 소꿉놀이 차려 흙으로 밥 짓고 풀꽃 반찬 만드는 게 재미있었다. 해가 서산마루에 기울어지면 친구와 헤어지는 인사로 "손님요 들어오세요. 가위바위보" 고무줄놀이로 하루를 마무리했다.

여름철 교실은 팔십여 명 아이들로 새콤한 땀내 가득한 콩나물시루이었고, 겨울철 교실은 톱밥 넣은 난로 위에 양은도시락을 탑처럼 쌓으면, 구수한 밥과 김치 냄새가 물씬 풍겼다. 달걀 반찬은 극소수 부잣집 아이의 반찬이고 대부분 꽁당보리밥에 김치, 무장아찌, 날된장이었지만 꿀맛이었다.

6학년 때 급식소가 생겨 도시락 가져오지 않은 친구에게 강냉이죽을 주었다. 애걸복걸해 밥과 죽을 바꿔 먹으면 목구멍으로 넘어가는 강냉이죽의 매끄러운 감촉이 좋았다. 목양말은 사흘이 멀다하고 구멍이 뚫어져, 엄마는 햇살 좋은 창가에 앉아 7남매 자식의 양말에 전구를 끼워 솜씨 좋게 기워주었다.

백철솥에 양잿물로 누렇게 바래진 무명옷을 삶아 금호강 빨래터서 엄마가 방망이로 두들겨 헹구면 새하얗게 빛났다. 뚝딱뚝딱 방망이 소리가 노랫가락 장단 같이 들렸다. 대청마루에서 할머니와 어머니가 마주 앉아 얘기하고 웃으며 다듬이질하던 고부간의 정겨운 모습을 다시 보고 싶다.

기찻길 옆에 사는 친구 순기가 올케언니의 바느질함에서 시시오리, 호박단, 자미사, 은조사, 모본단, 유똥, 비로드 천 조각을 주어 기분이 하늘로 날아갔다. 손수건에 싼 천을 보물처럼 안고 철로를 건너는데 저만치 시꺼먼 기차가 오고 있었다. 다리 중간의 진퇴양난에 처했다. 아홉살 나는 철로 난간의 작은 공간에 들어가 한껏 몸을 옴츠리며 숨죽이는 사이 기차는 굉음을 내며 지나갔다. 무사하여 다행이었다.

학교 건너편 곰보 아저씨의 구멍가게에서 진분홍 지전을 주고 산 콩사탕을 입에 넣으면, 볼이 볼치기한 것처럼 불거져도, 콩사탕이 달콤하여 행복했다.

벚꽃 피는 사월, 방과 후 친구와 타달 타달 걸으며 집으로 향하다가 빈 소달구지를 만나, 반가워 뛰어갔다. 벚꽃이 아치형을 이룬 신작로를 소달구지 타고서 아름다운 봄날을 마음껏 감상했다. 천국을 느낀 하루였다.

1950년도 초, 이발소에 가면 마술사 같은 아저씨가 반기며 의자를 높이 올려준 후, 단발머리로 깡충 잘라주면, 몸이 잠자리처럼 가벼워져졌다. 남자애는 바리캉으로 머릴 빡빡 밀어주었는데, 재수 없으면 까까머리에 부스럼이 생겨 보기에 흉했다.

아지랑이 아롱거리는 봄 들판에서 또래 친구들과 냉이, 달래, 고시랭이, 빼빼장구, 똥지발이, 꽃다지, 젖빛 솜털 보송보송한 참쑥을 캐면서 서로 많이 캤다며 소쿠리의 나물을 부풀리며 방긋거리며 웃던 일.

고유명절은 한 달 전부터 달력이 몸살 나도록 몽당연필로 표시했다. 추석과 설날에는 할머니가 지어준 고운 한복 설빔이 베갯머리에서 얌전히 날 깨워서 기뻤다.

우리 집 장독대 곁에서 우애의 천사인 언니들이 내 손톱에 봉선화

꽃물을 들게 해주던 평화로운 정경……. 두레박으로 길어 올린 우물물 마셔도 탈 없이 자랐다.

공해와 소음, 미세먼지에 시달리며 생명의 근원인 물- 생수까지 사 먹는다. 3년 동안 극성부리던 코로나19가 해제되어 일상의 자유를 찾은 게 감사하다.

불현 듯 물 맑던 내 고향의 살찐 흙냄새가 그립다.

# 즐겨 찾는 식당

즐겨 찾는 식당이 있다. 그곳에는 항상 수더분한 인심이 반겨준다. 우리 일행은 식당에 들어서면 홀 안 딱딱한 의자에 앉기보다 조그마한 방에 들어가 상 아래로 두 다리를 쭉 펴고 앉는다. 편안하다. 삐거덕거리는 미닫이문을 열린 마음처럼 활짝 열어둔다. 곧 내려앉을 것 같은 기울어진 천장과 빛바랜 누런 벽지가 5-60년도 서민의 삶을 고스란히 재현해준다.

근처에 즐비한 식당 가운데 이 집이 터줏대감이다. 어디선가 배어나는 고가의 이끼 냄새마저 향기롭다. 이 식당은 음식 값이 싼데다 맛이 좋아 찾아오는 단골과 사람들이 많다. 반세기 동안 줄곧 한자리를 지켜오고 있어서 수많은 추억을 간직하고 있다.

고층빌딩이 숲을 이룬 도시 한복판에 이런 정겨운 곳이 반세기 넘도록 남아있음은 문화유적 차원에서도 보존 가치가 있지 않을까. 도시계획에 들어가 있어 임의로 개축할 수 없다니 단골손님한테는 옛 정취에 취할 수 있어 다행이다.

식당의 〈곡주사〉란 간판 이름이 수수하다. 이 식당은 70~80년대 민주화의 격동기였던 시절, 대구의 운동권 청년 대학생들이 막걸리를 들이켜며 시국을 논하고 독재에 대한 비판과 울분을 토했던 곳이다.

이곳에는 연세 지긋한 아줌마 네 분이 손발을 척척 맞추며 합심해서 일하는 모습이 마치 우애 깊은 자매들 같다. 그분들 중에 접시꽃을 닮은 분이 음식을 날라다 준다. 나 혼자 맘속으로 그분을 접시꽃언니라 정하고 그렇게 부른다.

나는 언제나 식당에 들어서자마자 한 옥타브 올라간 소프라노의 들뜬 목소리로 "언니요, 우리 왔심더"라고 인사한다. 접시꽃언니가 환히 웃는 모습으로 다가와 내손을 덥석 잡으면서 "아이고 우리 동상(동생) 왔나?"하며 반가이 맞아준다. 정겨운 목소리에서 인정이 인절미 고물처럼 묻어난다.

이곳에서 점심식사는 삶의 활력소를 더해준다. 상차림은 보리밥, 국, 김치, 나물, 졸임, 무침……, 등인데 매일 조금씩 식단의 변화를 준다. 국은 시래기된장국이나 미역국이고 나물은 주로 콩나물과 시금치나물이고, 무침은 김무침, 파래무침, 건명태무침인데 특히 마른 명태껍데기무침이 고소하다. 졸임으로는 연근, 우엉, 감자조림이며 매주 화요일은 내가 좋아하는 감자조림을 잊지 않고 해준다. 생선요리는 꽁치나 고등어, 갈치에 무를 큼직하게 썰어 고추가루 와 마늘 듬뿍 넣어 맛깔스럽고 내 입맛에 맞다. 새콤달콤하게 무친 배추겉절이는 나른한 봄날의 입맛을 상큼하게 돋우어준다. 겨울철에는 내가 좋아하는 특별한 메뉴 배추전도 나온다.

접시꽃언니는 식성이 좋은 나를 위해 여분의 배 주머니를 가진 캥

거루를 떠올렸는지, 밥 한 공기를 선심으로 더 준다. 국은 가마솥에서 끓이고 넉넉한 인심까지 가미되어 국물 맛이 진국이다.

밥 먹을 때 깨죽깨죽 먹으면 복이 달아날 것 같아 되도록 복스럽게 밥숟가락을 폭폭 떠서 먹는다. 가마솥에 누룽지로 끓인 구수한 숭늉은 속까지 후련하고 십년 묵은 체증이 내려가게 한다.

따발총처럼 수다 피워도 종달새의 지저귐으로 여기는 접시꽃 언니가 고맙다. 이심전심 통하는 걸까. 식사 후에 "언니요" 부르면 "동상아, 알았다"하면서 슬쩍 깜찍한 윙크까지 보내주며 특별후식으로 셀프인 커피를 직접 갖다주며 서비스해준다.

식당을 나올 적에는 주방까지 가서 "언니요, 잘 먹었심더"라고 인사하는 나에게 "동상아, 또 보제이"라고 즉시 답해준다. 어쩌다 피치 못할 사정으로 한 주 거르고 가면 "동상아, 어데 아팠나"하며 걱정해주니……. 마치 우애 깊은 친동기 같다.

푸짐한 음식 먹고 접시꽃언니와 정겨운 대화를 나누는 이곳! 매주 화요일이 애인처럼 기다려진다.

# 김남식

필명은 솔새(solsae), 아호는 동곡(東谷)
충북 청주시 북이면 출생
2008년 계간 ≪스토리문학≫ 등단
은평문인협회 회원, 한국스토리문인협회 회원
시사랑 · 모닥불 · 문학공원 동인, 자작나무수필 동인
2023년 제10회 수필부문 스토리문학상 수상

시집 『달빛 틈새에 별 하나 얹히고』
『내 곁에 서 있는 계절』
수필집 『아름다운 날들』
시동인지 『제로의 두께』
수필동인지 『아버지와 자작나무』
소설동인지 『잔혹이 마블링 된』 外 다수
E-mail : namsikc@hanmail.net

# 칼국수 외 2편

김 남 식

언제인가 여름이 한창이던 어느 날 더위가 목까지 올라와 물을 마셔도 시원하지가 않았다. 그런데 우연히 지나치려는 어느 길목에서 동치미국수라는 메뉴가 눈에 띄는 분식집을 발견했다.

그 옛날 어머니가 해주던 그 생각이 문득 떠올라서 생각없이 식당으로 들어섰다. 여름이면 얼음을 구경할 수 없던 그 시대였지만 뒤곁 움막 지하 저장고에 있던 동치미를 막 꺼내서 시원한 국수를 해주시던 어머니가 문득 떠올랐다.

그때는 정말 꿀맛이었다는 생각에 희미하게 미소를 지으며 사색에 잠기던 중 이윽고 주문한 동치미 국수가 도착했다. 그런데 한 수저 막 먹으려 할 때 못내 서운했다. 왜냐면 동치미는 그런대로 먹을 수가 있는데 국수가 기계로 뽑은 쫄면이었다. 그래서 수저를 놓고 그냥 나왔다. 실망이 컸다. 투덜거리며 식당을 나오면서 하긴 요즘은 짜장면도, 바지락 칼국수도 거의 기계로 뽑는다는 것을 깜박 잊었다.

문득 반세기가 더 지난 어린 시절의 생각이 떠올라 농촌의 모습이

활동사진처럼 돌아가고 있었다. 오늘도 아침 햇살은 따가웠다. 어머니는 아침 반나절은 집안일을 하다가 점심때쯤 해서 아버지의 점심을 준비한다.

먹을 게 흔하지 않던 때라 아버지의 점심은 매우 간단했다. 아침에 먹다 남긴 찬밥 한 덩이에 막걸리 반 주전자와 함께 광주리에 담아 머리에 이고 아버지가 일하는 들로 나간다. 혹여 막걸리가 떨어졌을 경우는 어김없이 심부름을 해야 했다.

돈이 있을 때도 있지만 없을 때는 광에서 곡식을 한 바가지 자루에 담아서 전방에 주고 막걸리를 받아왔다. 막 모내기를 끝낸 논 자락을 거닐며 어머니를 따라 주전자를 들고 가면 그렇게 즐거울 수가 없었다. 엄마 아버지가 있고 동생들이 있어서 행복했고 요즘 말로 하면 부자가 부럽지 않았다.

물이 가득한 논에 파랗게 올라오는 벼를 바라보며 그렇게 기분이 좋았다. 왜냐면 가을이 되면 쌀밥을 먹을 수 있다는 그 생각이었다. 언뜻 논둑길을 가다가 개구리를 만나면 신기하듯 바라보았고 긴 막대기로 잡으려고 하면 엄마는 못 하게 말렸다. 그리고 물가 논배미에서 뱀이 물살을 가르고 지나가면 기겁을 하면서도 쫓아가서 잡아야 했다.

건너편 산등성이에서 뻐꾸기가 울어댈 때쯤이면 농사 일은 때와 장소를 구분하지 않고 늘 바쁘다. 그래서 여름이 막 시작되는 유월쯤이면 농촌에는 눈코 뜰 새 없이 바쁘다고 한다.

왜냐면 봄에 씨 뿌린 곡식들이 점차 제 자리를 잡아가면서 가을 수확을 위해서 열심히 자라고 있다. 이때부터는 농사꾼이 얼마나 부지런했는가에 따라 수확량이 다르다. 논에 잡풀도 매야 하고 콩밭에 웃자란 쇠비름도 뽑아내야 한다. 쇠비름은 생명력이 강해서 여간 잘 죽지 않는다. 또한 고구마넝쿨도 적당히 손질을 해줘야 튼실하게 잘 앉는다. 말하자면 풍년이 된다는 뜻이다.

그리고 참깨에 붙어사는 파란 벌레도 잡아줘야 하고 콩밭에 두더지도 잡아내야 한다. 특히 참깨에 있는 깻망아지벌레는 진녹색을 띤 벌레가 크기도 엄청 커서 여자들에게는 천적이었다. 나무젓가락으로 집어서 몰래 갖다 주면 '엄마야' 하며 놀래서 자빠지며 도망가면 배꼽을 잡고 웃던 기억이 새록새록해진다.

그때가 그리워지는 것은 나이를 먹어도 마찬가지이다. 저녁 해거름 때쯤이면 들에서 어머니가 저녁 준비하려고 일찍 집에 들어온다. 오늘 메뉴는 칼국수이다. 쌀이 모자라니 하루 건너 한번씩 칼국수를 해 먹어야 한다. 투정을 해도굶지 않으려면 먹어야 하는 다른 방법이 없었다. 사실 국수는 잘 소화가 안 되는 음식으로 매일 먹으면 위에 부담이 갔다.

우리 가족이 먹을 만큼의 적당한 양의 밀가루에 물을 조금씩 부어가며 치대기 시작하는데 이때 너무 묽으면 손에도 들러붙고 면이 힘이 없다. 그래서 적당한 농도 조절이 필요하다. 반죽을 한참을 치댄 후에는 헝겊에 싸서 숙성을 시킨다. 시간이 지나면 밀가루는 아기의 피부처럼 부드럽고 매끈해진다. 예로부터 모두가 할머니부터 어머니에 이르기까지 눈대중으로 배워온 기술이다.

그런데 여기서 중요한 비법이 하나가 있다. 바로 칼국수 반죽을 할 때 콩가루를 적당히 넣어 반죽해야 한다. 그래야 칼국수가 쫀득해서 먹는 식감이 좋다. 그런데 콩가루가 그리 흔하지는 않았기에 특별한 날이거나 혹여 손님이 올 때만 콩가루를 사용했다.

특별한 날은 가족들이 더위에 입맛이 없다고 하면 콩가루를 넣어서 국수 반죽을 했다. 그래서 혹여 이웃집에서 누군가 마실을 오면 콩가루 넣은 국수라고 자랑하며 먹기를 권했다. 이제 반죽이 완성되면 홍두깨로 밀가루를 묻혀가며 반죽을 조금씩 밀어내서 면적을 키운다.

손으로 넓게 핀 반죽을 이제 홍두깨에 둘둘 말아서 다시 손을 이용해서 연신 좌우로 움직여 반죽을 여러 번 고르게 밀어내서 펴면 커다란 상이 넘치도록 얇고 널따란 칼국수 반죽이 완성된다. 다음에 할 일은 국수반죽이 구둑구둑해질 때까지 기다리는 동안 큰 가마솥에 물을 넣고 불을 때는 일이다. 아궁이에 불 때는 일은 거의 남자들의 일이다. 그리고 이어서 국수판을 칼로 송송 썰어 내면 손칼국수가 완성되는 것이다.

아궁이에 불 때는 일은 다소 고역이 따랐다. 왜냐면 땔감이 아직 덜 마른 것들이 있으면, 메케한 연기가 피어올랐다. 그래도 더위를 참고 불을 잘 때고 있으면 어머니는 국수꼬랑지를 선물로 주었다. 국수를 썰다가 마지막 두 뼘 정도 남겨준 것을 국수꼬랑지라고 하는데 이것을 부지깽이 끝에 걸쳐서 불에 익히면 지금의 크래커처럼 제법 고소한 과자가 만들어진다. 매번 잊지 않고 줄 때도 있지만 간혹 어머니가 잊을 것 같으면 '엄마 국수꼬랑지.'하고 말하면 '말 잘 들어야 준다.'고 대답을 했다. 그때는 그게 최고의 간식이었다.

국숫물을 끓이는 동안 어머니는 파와 마늘, 고춧가루, 참깨 등을 섞어서 국수에 넣어 먹을 양념장을 만들었다. 그리고 국수에 넣을 애호박을 채 썰어 놓고, 청양고추도 몇 개 쫑쫑 썰어둔다. 이때 얼큰한 매운 고추가 제격이다. 육수는 옛날 시골에서 가장 구하기 쉬운 멸치를 넣은 육숫물이다.

들에서 일하고 돌아온 아버지는 국수를 건져서 드렸다. 국수를 건진다는 것은 뜨거운 국수를 찬물로 헹궈서 시원하게 먹기 좋게 해주는 것을 말한다. 그때 일꾼들은 그렇게 해주었다. 그러나 나머지 가족들은 땀을 뻘뻘 흘리면서 그 여름날에 뜨거운 칼국수를 후후 불어가면서 먹었다. 그래도 칼국수에 대한 기억은 세월이 지나도 아직도 새록새록 해진다. 그런 시골 칼국수를 지금은 먹어볼 기회가 거의 없다.

칼국수는 밀가루 반죽을 넓게 밀어서 몇 겹을 겹친 후 부엌칼로 썰어 면을 만들었다고 붙여진 이름이다. 반대로 기계로 밀가루를 눌러서 만들어진 국수는 틀국수라고 불렀다. 국수 반죽은 사람이 하지만 나머지는 기계를 사람이 손으로 돌려서 국수를 뽑았다. 그래서 국수 기계 이름을 국수 빼는 기계거나 국수틀이라고 불렀다.

틀국수로 만든 국수를 잔치국수라고 했다. 옛날 시골에서 잔치가 있을 때 많은 사람들이 쉽게 식사를 할 수 있는 것이 국수밖에 없었다. 특별히 많은 반찬 없이 김치 하나만으로 먹는 음식이 바로 잔치국수였다. 어쩌다 큰 동네 있는 틀국수 집에 놀러 가면 국수가 만들어지는 광경을 바라보면 어린 눈에는 참으로 신기했다. 틀국수가 길게 나오면 마당에 장대로 걸어놓고 건조를 시켰다. 그런데 바람이 불 때마다 바닥으로 국수 가닥이 몇 개씩 떨어져 내렸다.

그러면 그것을 몰래 주워 먹었던 추억도 있다. 한 번은 주워 먹다가 주인아저씨에게 되게 혼났다. 왜냐면 잘못하다가는 장대로 걸어놓은 다른 국수까지 떨어지면 엄청난 손해이기 때문이었다. 아무튼 너 나 할 것 없이 배가 고팠던 시절엔 군것질 생각이 나면 국수집을 기웃거렸던 일도 있었다.

그렇게 우리들의 추억과 배를 불리던 칼국수가 이젠 밀 줄 아는 사람도 없고, 직접 밀어서 파는 칼국숫집을 만나기도 드물다. 게다가 그 좋던 밀가루 음식이 어느새 당뇨병의 주범이라며 식탁에서 멀어져가다니 격세지감이다.

# 차례를 지내야 할까

사극 드라마에서 대신들이 '동궁마마께서는 이 나라의 종묘사직을 이어가실 분입니다'라며 세자에게 머리를 조아리는 장면을 보고 신세대들은 어떤 생각을 하고 있을까? 종묘는 조선시대 제사를 지내는 국가 최고의 사당이다. 고려의 불교문화에서 중국의 유교문화를 이어 받은 이성계가 조선을 개국하여 한양을 도읍지로 정하고 종묘를 바로 짓기 시작해서 1395년에 경복궁과 함께 완공하였다.

궁궐의 좌측인 동쪽에 종묘를, 우측인 서쪽에는 사직단을 두어야 한다는 고대 중국의 도성 계획 원칙을 따라서 건설하였다. 그래서 나온 말이 '종묘사직'이란 말이다. 조선시대 유교문화 속에서 '종묘'의 가치는 곧 '왕조국가'의 전통성이었다.

그래서 임진왜란 때 의주까지 피접을 갔을 때에도 선조는 조상들의 신위를 전부 챙겨서 피난을 갔다. 병자호란 때도 인조 역시 남한산성 안으로 이동시켜 놓고 항전을 했다. 남한산성에 가보면 신위를 봉인한 건물이 지금도 남아있다. 그만큼 선조(先祖)에 대한 예는 극진했다. 이것이 바로 유교문화이다.

새로운 서양문화와 신종교가 들어오면서 그 유교문화가 점점 퇴

색되고 있다. 죽어서 시신을 땅에 묻던 시대에서 지금은 화장률이 급속도로 높아지며 매장보다 화장이 선호되고 있다. 어찌 보면 그 속사정은 다른 곳에 있지 않았는가 돌아봐야 한다.

제사, 종묘, 사직, 벌초 이런 단어들이 20년 30년 이후의 후손들에게 어떤 의미로 다가올까? 유교문화에서 비롯된 부모에 대한 효도와 선조에 대한 예를 과연 제대로 이어갈지 의심이 간다.

차례는 조상을 숭배하고 그 은혜에 보답하려는 의미가 담겨져 있는 유교의 전통문화이다. 대가족 제도에서 우리 민족의 효(孝)문화는 세계 어느 민족보다도 자랑스러운 전통문화로 손꼽혔다. 부모님이 살아서는 효도를 하고 돌아가신 뒤에는 조상의 은혜를 가슴속에서 감사하는 것이 지금까지 풍습화되어 우리 문화의 맥을 이어 오고 있다.

그러나 농경 사회에서 산업 사회로 전환되면서 대가족이 소가족 제도로, 그리고 새로운 문물과 교육 환경을 접하면서 신세대들에게서 숭조사상(崇祖思想)과 전통의식이 점점 멀어지고 잊혀가는 것 같아서 매우 안타깝다. 일 년에 두세 번 전 국민이 함께하는 설명절과 추석 그리고 한식은 우리 고유의 전통 민속 문화를 일깨워 주는 날이기도 하여 외면해서는 절대 안 되는 명절이다.

사실 추석이나 설명절의 기본바탕은 조상에게 차례를 지내는 것으로 인식하여 전 국민에게 명절이라는 이름을 받았고, 그리고 공휴일로 정해진 것이다. 만약 차례를 지내지 않는다면 명절이라는 공휴일 자체를 없애야 한다. 특히 자라나는 세대들에게 풍습 등 전통문화를 체험하며 조상에 얼을 돌이켜 보는 것은 자녀의 교육적인 면에서 그 의미가 매우 크다는 것을 누구나 명심해야 한다.

됨됨이가 바른 사람이 되려면 무엇보다도 효가 근본임을 깨달아야 한다. 효를 바탕으로 아름다운 사회가 형성되고, 효를 우선으로 배운 아이들은 사회에서도 모범시민이 되며, 악의 유혹에 잘 빠지지 않는다. 즉 효도를 실천하는 가정교육으로서 국가 존립의 기준으로 삼고, 효를 우리 민족의 자랑으로 삼고 더욱 장려해야 한다.

시대의 흐름이라 하지만, 제사에 대하여 부정적인 사람들이 늘어가고 있다는 것은 통탄할 일이다. 흔한 말로 '죽은 사람이 뭘 알겠냐?'며 제사를 폄하(貶下)하는 것은 온당치 않다. 아예 제사 자체를 회피하거나 여러 조상님의 제사를 일 년에 한 번으로 모아 지내는 경우도 못마땅하다. 즉 조부모와 부모의 4번의 제사를 하나로 통합하여 한번으로 지내면 편할지는 모르나 결코 올바른 처사는 아니다. 최소한 3대, 즉 손자까지는 제사를 모셔야 한다. 그 외는 4대, 5대는 한 번으로 해도 무방하다 싶다.

인간 세계는 살아서 효는 현실이고 죽어서는 정신적인 마음의 효가 지배를 하고 있다. 언론과 인터넷에서 차례의 간소화를 부축인다. 하긴 여행 가서 출장 제사까지 하는 것을 보면 할 말은 없다. 특히 명절에 먼 곳으로 여행을 떠나거나 아니면 다른 것으로 시간과 돈을 투자하면서도 조상에 대한 은혜를 가볍게 하는 것은 결코 올바르지다고 볼 수 없다.

조상에 대한 감사한 마음만 있다면, 제사를 지내는데는 큰돈이 필요하지 않다. 제사상에 10가지 또는 20가지의 많은 가짓수의 제물이 필요한 것은 절대 아니다. 차례 상에 뭘 올릴까 너무 고민하지 마라.

자신의 형편대로, 그리고 손수할 수 있는 음식까지만 올리면 된다. 그저 선조에 대한 존경심과 정성만 있다면 그것으로 충분하다. 그래서 자신의 자녀들에게 모법을 보이면 제주의 역할은 다하는 것이다.

가을이면 하는 벌초를 하는 것도 그렇다. 자신이 하는 일이 바쁘면 할 수 없는 일이다. 너무 시간에 얽매이지 말고 형편대로 하자. 일부러 벌초를 회피하거나, 선조에 대한 존경심 부족으로 못 하는 것이 아니면 된다.

애완견 데리고 편히 놀면서, 해외여행으로 놀러 가면서, 쓸데없는 다른 일에는 신경 쓰면서, 단지 선산(先山) 돌보는 일에 게을리한다면 그것은 불효다. 자신도 사후에 자식들에게 천대를 받는다면 조금은 슬픈 일이지 안은가.

서로 벌초에 안 오는 형제자매들을 모함하며 억지로 참석하게 해서 가내 불화를 자초하는 일이 종종 있다. 하지만 그냥 내 스스로 할 수 있는데까지만 하면 된다. 혼자 묵묵히 하면 덕이 자신에게 돌아간다는 것을 잊지 말자. 조상님의 산소에 뿌리 있는 나무들만 자라지 않도록 관리해주어도 효의 절반은 실천한 것이라고 한다.

차례는 추석과 설 명절에는 아침에 지내고 기제사는 밤 12시 이후(옛날에는 子時, 즉 밤11시부터 1시 사이)에 지내게 되는데 요즘은 직장 생활 때문에 보통 저녁에 지낸다. 만일 그렇게 일찍 지내려면, 부모가 돌아가신 날 보다 일찍 지내면 살아있는 사람에게 지내는 격이 되므로 하루 일찍 지내야 한다.

일반적으로 제사는 고조까지 4대를 봉사하는 것이 일반적이다. 그 외 5대 이상은 시제라고 해서 가을 추수 후 음력 10월경 택일하여 산소(묘)에서 지내고 있다.

조상의 신주나 지방 또는 사진을 모시고 제사를 지내게 되는데 장손의 집에서 지내는 것이 원칙이지만 요즘은 여러 자손들이 봉사를 하고 있다. 또한 가문의 전통에 따라 한식 때는 산소에서 제사를 지내기도 한다.

음식의 진설은 분명히 순서가 있고 상하좌우 서열이 있다. 하지만 일반 사람들도 그것을 손수 배워서 몸에 익히지 않으면 잘 하지 못한다. 그래서 너무 원칙대로 하는 것을 고집하지 말고 그냥 보통 식사할 때 반찬 놓는 것처럼 차례상을 진설하여도 무방하다. 조상에게 차례상을 정성껏 올리면 자신에게 분명 좋은 일이 생긴다. 가내가 두루 평온하고 가족 모두가 건강하면 이는 곧 행복이다.

# 휴대폰 속에 있는 그대의 호칭

얼마 전 뉴스에서 화제가 되었던 일이 하나 있다. 결혼한 지 얼마 되지 않은 젊은 부부가 휴대폰 때문에 갈라서야 할지 말아야 할지를 망설일 정도로 싸웠다고 한다. 이유는 아주 간단했다. 바로 휴대폰에 '시어머니'의 호칭이 문제였다.

'왜 시어머님이라고 저장하지 않았느냐?'는 남편의 질문으로 시작한 말다툼이 부부 서로 간에 불신으로 번졌다고 한다. 사실 별일이 아닌 것처럼 넘어갈 수 있는 일이다. 하지만 이왕이면 '님'자를 붙여주면 상대가 좋아하는 것은 당연하다.

'님'자의 의미는 존경을 뜻하기에 '혹시 시어머니에게 홀대의 뜻이 들어있지는 않는지' 의심하여 남편은 서운한 마음에 지적했을 것이다. 부부가 결혼하면 똑같이 양가의 부모님과 함께하는데 어느 한 쪽을 편애하지 않고, 하찮은 것이라도 똑같이 대접해 서로 섭섭하거나 서운하게 해주지 않는 것도 부부의 덕목이다.

특히 이웃과 더불어 사는 사회에서 남하고 부딪치지 않고 슬기롭게 살아가려면 '님'자 사용에 너무 인색하지 않는 것도 하나의 방책이다. 설령 그 사람을 진짜 싫어할지라도 겉으로는 내색하지 않고

'님'자를 붙여준다면, 그 또한 자신에게 플러스 요인에 될 것이요, 삶의 지혜가 될 것이다.

우리의 실생활에서 언제 어디서나 아내나 가족보다도 더 가까이 곁에 있는 게 바로 휴대폰이다. 항상 옆에 끼고 다니며 잘 때도, 먹을 때도, 어디 갈 때도 내 곁을 떠나지 않은 귀중품이다. 집에 전화가 없었던 옛날을 생각하면 과연 우리가 휴대폰을 이렇게 옆에 끼고 살 줄은 누구 하나 꿈에도 몰랐을 것이다.

집에서나 거리에서나 지하철을 타도 버스를 타도 심지어 어느 집을 가도 남녀노소 누구나 할 것 없이 휴대폰에서 눈이 떨어지지 않는다. 지하철에서 휴대폰에 관심 없는 사람은 폴더 폰을 쓰는 노친뿐이다. 그래서 휴대폰의 마력은 정말 대단하다. 우리는 얼마 전까지만 해도 TV 앞에서 떨어지지 않고 살았다. 하지만 지금은 정반대의 현상이 되었다. 버스나 지하철을 타보면 아주 휴대폰에 폭 빠져서 옆에 누가 왔는지도 모른다.

그러니 노인에게 자리 양보란 더욱 없다. 빈자리가 생기면 재빨리 자리에 앉아서 폰을 두드려야 한다. 서 있는 사람이나 앉아 있는 사람이나 십중팔구 모두 휴대폰에 열중이다. 그렇게 열심히 공부를 했다면 모두 박사가 될 것이다. 그런데 살짝 곁눈질로 무얼 보는가 하고 쳐다보면 여러 형태의 휴대폰 화면이 눈에 들어온다. 카톡을 하거나 동영상을 보는 등 자신이 원하는 것을 정신없이 하고 있다.

얼마 전의 일이다. 시내로 나가는 지하철에서 어떤 아주머니가 휴대폰을 꺼내서 전화를 하는 것을 보았다. 일부러 보려고 한 것은 아닌데, 우연히 살짝 화면을 보니 전화 받는 사람의 이름이 '복 받은 남편'이라고 적혀 있었다.

"사모님! 복 받은 남편이란 이름이 참 특이하고 재밌네요. 무슨 사유가 있나요?"

평소에 내가 생각한 휴대폰의 호칭이 다른 사람과는 아주 특별한 것 같았다. 그래서 용기를 내서 '복 받은 남편'으로 이름을 한 특별한 이유가 있는지 물어봤다.

"네, 요즘은 아주머니라고 하면 듣는 사람으로부터 면박을 받아요. 남자들도 또한 아저씨라고 부르면 덜 좋아해요. 요즘은 사모님 아니면 선생님의 호칭이 대세입니다."라면서 그 여자분은 말을 이었다.

"남편이 암에 걸려 오랜 고생을 한 후 지금은 완쾌되어서 새 삶을 살고 있어요."

그 여자분이 말했다.

결론은 간단하다. 그동안 남편의 병을 지극히 정성껏 간호한 사람은 그 아주머니, 사모님이다. 그래서 자신에게는 정말 복 받은 남편으로 생각하고 매일 사랑하며 살고 있다고 한다. 남편은 복 받은 사람이라는 뜻이다. 지하철이라서 긴 대화는 나누지 못했지만 정말 특별하게 사랑하는 부부였다.

"당신의 휴대폰에 남편이나 아내의 호칭을 무어라 저장해놓으셨는지요?"라고 물어본다면 당신은 배우자나 애인의 호칭을 상대방 마음에 쏙 들게 저장했는지 궁금하다.

그런데 휴대폰이 생기면서 지금의 아이들은 연애할 때 그것을 고민한다고 한다. 연애 초기 단계는 '이름 없음' 또는 '특별한 것 없음'이라 저장하다가 차츰 마음을 열고 연애가 무르익게 되면 '내 사랑', '내 반쪽', '내 꺼' 등 하루에도 여러 번 호칭이 바뀐다.

서로 기분 좋게 만났을 때는 좋은 것으로 하고 그 반대일 경우에는 화가 나서 자신에 맘을 알아주기를 바라는 뜻에서 이를테면 '쑥맥', 또는 '바보', '천지' 등으로 호칭을 바꾸기도 한다.

그러면 지금 이글을 읽고 있는 고명하고 박식한 지성의 당신 휴대폰에는 배우자의 이름을 뭐라고 저장을 했는지 궁금하다. 아마 그냥 생각 없이 편하게 상대 이름을 사용하거나 손주 이름을 사용하는 사람도 있을 것이다.

남자들은 보통 '마누라', '집사람', 여자들은 '냄편', '서방님' '개똥아빠' 등으로 사용한다. 하지만 혹여 상대가 봤을 때 만약 좋은 이름이 아니라면 부부싸움 원인이 될 수 있다. 그래서 이왕이면 상대에게 물어보고 좋은 것으로 저장해주면 더욱 빛나지 않을까 하는 생각이 든다.

그러나 배우자의 휴대폰에 내 호칭이 뭐라고 적었던 간에 하루의 일상 속에서 우울하고 지칠 때, 또는 가끔 혼자라고 느낄 때쯤 전화나 문자가 문득 온다면 우선 반갑다. '무엇 때문에 전화했을까?' 또는 '무슨 말을 하고 싶어서 이 사람이 전화했을까?' 아니면 '또 뭘 시키려고 그러는지' 하면서 반갑게 전화를 받는 사람도 있고 그 반대로 투덜대는 사람도 있을 것이다.

그러나 그 내용이 별것은 아니더라도 마음에 위안이 되어서 세상을 살아가는 힘과 기운이 생기는 문자도 있다. 부부간의 전화나 카톡 등의 소통은 그간 굳어진 사랑을 말랑말랑하게 이어주는 가교역할을 해준다. 하지만 살다 보면 누구보다도 가까워야 할 사이의 부부가 생각보다는 전화통화가 그리 많지 않은 것으로 통계가 나와 있다. 그 대신 음성의 톤이 없는 한결 같은 요구의 문자, 카톡이 부부사이를 갈라놓기도 한다. 바시도 때도 없이 울리는 카톡이 대화를 단절시키고 있다

그러면 오늘은 자신의 휴대폰에 배우자의 호칭을 센스 있게 멋진 이름으로 만들어 보면 어떨까?

남편 휴대폰 속에 있는 아내 호칭은 가희엄마, 박여사. 박말순, 청주댁, 집사람, 와이프, 마누라, 여보야, 반려자, 현모양처, 솜사탕, 여쁜부인, 하늘천사, 밥집아줌마 등이고, 아내의 휴대폰 속에 있는 남편의 호칭은 김순돌씨, 내냄폰, 말숙아빠, 서방님, 사랑하는여보, 왠수, 남의편, 집주인, 내반쪽, 식충이, 밥버러지, 징글이, 속끌이, 철딱서니, 큰아들, 늙은남의편, 시엄니아들, 화성서온남자, 내인생로또, 김꼰대, 사차원, 잔소리꾼, 동맹관계, 가장큰내편, 고집불통 등이란다.

지금이라도 내 배우자나 애인의 이름을 임금님, 왕자님, 공주님, 왕비님, 낭군님, 내사랑, 사랑이, 사랑해, 랑이씨, 여봉, 사랑하는금자씨 등 좋은 호칭으로 저장해보자.

# 임 경 애

아호는 영랑, 수상 - ≪스토리문학≫ 등단
한국스토리문인협회 이사, 한국문인협회 제27. 28대 인문학콘텐츠개발위원,
포천문인협회 전부지부장,
자작나무수필 동인, 문학공원 동인
경기신인문학상 한국스토리문학대상, 포천문학대상 외 공모전 다수 입상

수필집 『엄마와 양말』
동인지 『아버지와 자작나무』, 『목련화 필 때』,
『물러날 때와 나아갈 때』, 『공짜 자가용』 외 다수

E-mail : zhah@hanmail.net

# 빛나는 눈동자 외 2편

임 경 애

친정어머니도 시어머니도 그들이 오면 자식들 모르게 물건을 사들이다 보니 곳곳에 숨겨 놓으셨는데 날아온 지로용지가 화근이 되었다. 집안이 발칵 뒤집히고 왜 그런 곳에 가셨느냐는 타박과 왜 그런 물건을 사셨느냐는 타박으로 그 칠일이 아니었다.

가격은 상상을 초월하지만 믿을 수도 없는 제품을 만병통치약으로 알고 계시니 심각한 문제였다. 미리 개봉을 유도하며 반품의 빌미를 없애고 2-3개월마다 동내행사처럼 사람이며 품목이 바뀌어가며 들어오는 그들로 인해 오랜 세월 불화가 지속되었다.

우리는 그들을 약장사라고 불렀다. 노인들의 술렁거림이 시작되면서 암암리에 찾아와 구경가자는 친구가 있었다. '20개가 담긴 휴지를 매일 준다고 하면서 나는 그곳은 노인들이나 가는 곳이 아니냐?' 반론하면서도 어머니들이 개근하시는 것에 대한 이유를 즉 적군을 알아야 이길 수 있다는 생각을 하며 어머니들을 두 번 다시 못 가시게 할 방법을 탐색하려는 생각으로 따라나섰다.

노인들을 상대하니 대충일 줄만 알았는데, 문전에서부터 마음을 사로잡으려 한 분, 한 분을 대하는 인사말부터 예사롭지 않다.

'힘들어 보이시는데 어디 편찮으세요?', '참 고우시네요.' '우리 누님 닮으셨네요.' '이렇게 찾아주셔서 감사합니다.' 등…….

그 사람들의 말을 인용하면 어머니들을 위해서 황실을 꾸몄으니 부담 없이 마음도 몸도 편안한 시간 보내시라고 하는데, 상술의 시작이라는 생각을 왜 못하시는지, 의도를 감추려 웃고 있지만 내심 놀라고 있었다.

"약장사가 아니라 웰빙 세미나장이라고 불러주세요. 약장사는 약사가 약장사이거든요."

사회자가 자신을 이 상무라고 소개하며 남긴 말이다. 유머와 합창이 이어지고 노래자랑시간이 되었다. 사회자가 멘트를 한다.

"지목을 기다리지 말고 자발적으로 손을 드세요, 우리 어머니들 치매예방을 위해 집 전화와 주소부터 외우세요, 더운 날씨에 입맛 없다고 대충 한술 뜨면 몸 상하니 반찬을 꼭 챙기세요. 집에 있는 며느리 타박하지 말고 내가 먼저 잘해주세요 고생만 하신 어머니들을 오늘 저희가 모시겠습니다."

이론상으로는 구구절절이 옳은 말이다. 치매예방을 앞세워, 판매를 한 뒤에 필요한 주소와 전화번호를 외우게 하는 그들의 상술에 놀아나는 우리의 어머니들을 생각하니 틀린 말은 아님에도 속이 부글거린다.

'그럼 맞는 말이지.'하며 여기저기서 몇몇이 수군거리더니 박수를 친다. 내가 보기에 그들은 바람잡이다.

웃음 가득한 얼굴로 덩달아 박수치는 많은 분들의 행복이 발산되는 듯 빛나는 눈동자를 느끼며 공감대를 형성할 수 있는 무언가를 찾아야 한다는 생각이 순간 떠오른다.

"저 살기 급급하다는 이유로 손을 잡아 본 지는 기억도 까마득한데 어디가 편찮으신지 무엇이 드시고 싶으신지 하루는 어찌 지내셨는지 여쭈어본 적이 있느냐"고, "고생으로 키워놓으니 뒷전으로 밀려나신 설움을 묻으며 약장사 들어오면 시간을 소일할 요량으로 가다보니 자식보다 낫더라"고, "꼭 필요해서가 아니라도 팔아주고 싶은 마음이더라."고 하소연 할 상대를 찾았다 싶으셨는지 옆에 앉으신 할머니께서 내게 하소연을 하신다.

며칠째 걸음을 했지만 물건을 팔아달라는 말이 없으니 의아했는데 그러함에도 어머니들이 아름아름 사들이는 것에 대한 이유를 어렴풋이 이해할 것도 같다. 시어머님이나 친정어머니나 나의 말에 눈동자 빛나도록 좋아하신 적이 얼마나 있었으며 나는 또한 그분들의 고독을 헤아려본 적이 있었던가? 서너 차례를 다녀온 뒤 일주일이 되도록 고민을 해보며 자문하지만, 대답을 할 수가 없다. '내가 하지 못한 효도를 그들을 통해 위로받고 계셨나 보다.'하는 생각에 죄송한 마음마저 든다.

친정어머니가 좋은 물건이라며 내놓으신 것 중에 작년에 사 오신 냄비가 있다. 바닥이 두꺼워 무겁기도 하고 열전도가 늦기에 쓰다 두었더니 빨갛게 녹이 슬고 해서 투덜거리다 나였다.

늦은 열전도는 내 마음이 둔함이요 무거움은 불효만을 했으니 마음이 무거움이요 녹이 슬어 거친 것은 어머님께 향한 나의 거친 말

투라는 듯, 그들의 상술이 성공할 수 있었던 이유를 아느냐고 따지는 듯, 냄비가 나를 바라보는 것 같다. 그들에게 마음을 빼앗긴 어머니는 미처 닿치 않는 효를 그들로부터 충전하실 때, 외로운 그 마음 오죽하셨을까? 행복을 느끼실 권리가 있으신 당신을 위해 세상도 가족도 존재함을 전해드리려 마음의 준비를 한다. 우리와 마주하는 시간에 더욱 밝은 얼굴이 되셨으면 하는 속내를 감추며, 가족들 모두 어머니의 시간에 관심을 기울이면서도 그곳에 가심은 모른 체 했다.

서너 달이 흘렀을 무렵 새로운 품목으로 그들이 유혹이 다시 시작된 날 줄을 잇는 어머니들을 보았다. 모르는 체 두 분께 용돈을 드리고 바람이나 쐬고 오시라고 하면서 보이지 않는 기싸움을 하고 있다. 오늘도 그곳에 가신다면 아직도 두 어머니는 쓸쓸한 가슴으로 지내시는 것이니, 미흡한 효를 반성해야 하리라.

반 체념으로 저무는 하늘을 맥없이 바라보는데, '약장사 구경 안 가고 약수터에 다녀오셨다'며 양손에 과일을 사들고 오셨다. 울컥 심장이 요동친다. "아! 어머니……." '감사합니다와 죄송합니다.' 둘 중에 어떤 말씀을 드려야 하는지, 입을 뗄 수가 없는 순간이었다.

그들이 동네를 드나들면서 웃음꽃이 핀 것은 실로 오랜만의 일이다. 무조건 반대했던 우리였다 그것이 당연하다고 생각했었다. 사실 '노인들이 왜? 그곳으로 가셔야만 했는지'에는 관심을 두지 못했었다. 못 가시게 할 요량으로 몇 차례 가면서 느낀 것은 마치 노인을 위한 프로젝트인 것처럼 모든 분들의 공감을 얻고 있음을 보았던 것이다.

"간혹 무료하실 때면 다녀오세요. 생필품을 사시는 것으로 자릿값을 내신다 생각하시고 숨겨 놓을 물건은 안 사셨으면 좋겠어요."라고 조심스레 말미를 열었다. 당당히 바라보시는 두 분의 어머니는 누가 먼저랄 것도 없이 손사래를 치신다. 방문을 닫으며 생각에 잠긴다. 세대를 뛰어넘는 공감대는 무엇이 있을까?

# 아리랑

아이들이 성장하다 보니 자칫 앞으로 가족여행이 힘들 것 같아 여행을 서둘렀다. 비용이 적게 드는 중국으로 행선지를 정했어도 처음으로 나가는 외국이기에 여권을 만들어야 하고 필요한 약품이며 준비해야 하는 것들에 대한 소소한 비용이 늘고 있다.

설렘과 약간의 긴장 속에 도착한 상하이 푸둥 공항이다. 다른 팀과의 합류에 시간의 여유가 있기에 우리 가족과 동생네 가족 그리고 다연이 부모님 등 우리 일행은 커피를 마시려 했지만 유명음식점인 그곳에서는 달러도 한국돈도 받지 않는다기에 다연이 아빠께서 환전을 하셨다. 중국에서 한국 돈을 닫는다고 했는데 그것은 한정된 곳뿐이었다.

국제공항이고 유니폼을 입은 직원이 있는 환전소에서 환전했는데 나중에 가이드를 통해 알고 보니 원래 가격보다 터무니없이 적은 돈을 받았다. 영수증도 있었지만, 귀국 시에는 깜빡 잊고 있었다. 모조의 천국이며 속임수에 일가견이 있는 곳이라는 말을 듣고 가기는 했어도 국제공한 환전소에서 그런 일이 일어나리라고는 상상도 할 수 없었기에 직원의 실수일까 몰라도 씁쓰레한 기분으로 시작된 여행

길이다.

관광버스에서 가이드의 주의사항 중에 일행을 잃었을 때 전화를 하라면서 번호를 알려주는데 일행 중 한 사람이 바로 실행에 옮겼다. 실습했다고나 할까? 유럽인지 아시아인지 구분이 안 될 정도로 인산인해를 이루는 관광지에서 꼬리를 따라가느라, 내가 머물고 싶은 곳이라 해도 때론 포기하려니 관광인지 꼬리잡기 놀이인지 웃음이 나온다.

버스로 상해시를 이동하는데 하늘에는 대나무 장대에 걸쳐진 빨래들이 마치 만국기인 양 펄럭이는데 종류도 가지가지 심지어 브래지어와 팬티까지 안 널린 집이 없다. 볼수록 미간에 주름이 지며 민망함이 감도는데 급기야 제부께서 "가이드님 다음에는 저 속옷일랑 치우라고 하쇼 보기가 그렇구먼."이라 하자 일행들 한바탕 웃었다. 비가 많고 물안개가 많아 햇빛보기가 힘든 상해는 햇빛이 있는 날이면 너도나도 빨래를 말리기에 속옷이라도 남을 의식하지 않는다고 한다. 전날까지 거의 한 달 동안 많은 비가 왔었다는 설명에 이해는 되지만 그들의 삶이 머릿속에 그려진다.

상해의 야경을 보기 위해 황포강에서 유람선을 타게 되었다. 빌딩들이 제각각 다른 모습으로 조망과 어우러져 감탄사 연발이다. 똑같은 빌딩은 허가해주지 않고 특색 있는 빌딩을 지으라는 정부의 방침이라고 한다. 독재하는 생각이 들기도 했지만 기발하다는 쪽으로 가닥을 잡는다. 유람선이 출발하기 전 물이 탁한 것이 흠이라면 흠이었다.

다음날은 서원의 운하를 따라 정원 10명의 나룻배 유람을 하게 되었는데 옆의 나룻배에 묶여있는 가마우지의 애처로움도 시선을 사로잡는 데는 잠시, 물이 너무도 더러워 불어오는 바람도 찝찝하게 느껴진다. 운하이다 보니 정화는 거의 안 되는 편이라서 그럴 수밖에 없다는 가이드의 설명인데 우리나라는 지금 운하를 건설하고 있는 실정이다. 왜? 이 시점에 이런 생각이 나는지 알 수 없다.

서당에는 금장사로 많은 돈을 번 일명 상해부자의 저택을 관광지로 오픈 한 곳이 있다. 2층의 목조건물로 넓은 정원에는 차를 마시는 암자도 작은 연못도 여러 종류의 꽃들도 있어 휴식공간의 아름다움이 엿보이기도 했다. 문학을 좋아하던 그는, 자신의 작품을 금가루를 이용해 부채 같은 것에 금분으로 글씨를 쓰거나 금도금을 해서 팔았다고 한다. 전시된 작품들이 있었는데 글 또한 명필이요 해묵은 것임에도 불구하고 금으로 쓴 글씨라서 선명한 것이 예쁘기까지 하다. 돈 좀 있다거나 글을 아는 사람들이라면 탐냈으리라는 생각이 들었다. 그런데 작품에 대한 설명이 되어있지 않아서 그 내용이 무엇인지 주로 어떤 것을 소재로 쓴 작품인지는 모르지만, 나름대로의 자신감이 있었기에 금을 이용했을 것이고 많이 팔렸다는 것은 그만큼 공감을 얻었다는 것이리라 추측해본다.

그의 작품에 대한 자신감에 난 어떤가? 뒤돌아본다. 살면서 어쩌면 가장 필요한 용기와 약 140억 개의 뇌세포 중 일부일 기발한 아이디어에 재력 또한 겸비하니 존경스러움과 부러움에 사로잡히며 한자의 필체에 매료되었는데, 일행 중 두 명이 길을 잃었다는 전화에 가이드 갑자기 분주해졌다. 다행인 것이 실습을 했던 그분들, 공부해서 남 주느냐는 말이 있듯이 공부란 해도 해도 끝이 없으며 꼭 해야 하는 것이 공부라는 것을 새삼 느끼는 시간이다.

한국인 관광객이 많은 중국에서 일행과 떨어지는 사람이 아주 많다고 한다. 전화도 안 되고 말도 안 통하고……. 그럴 때를 대비해서 관광가이드들끼리 찾아주는 방법이 있다고 한다. 길을 잃은 그곳에서 아리랑을 부르고 서 있으면 시끄럽다거나 핀잔을 하는 것이 아니고 서로들 연락해서 찾아준다고 하는데, 그것은 길 잃은 한국인 관광객이라는 표시라는 것이다. 이게 사실인가 물었더니 그렇다고 한다.

길 잃은 관광객들을 배려하는 그들의 고마운 마음이 있어 화재가 된 타국에서 듣는 아리랑, 아리랑을 부르며 울기도 웃기도 하는 우리 민족의 마음뿐 아니라 가이드들의 마음속으로 세계로 뿌리를 내리고 있었음을 예전에는 생각지 못했었다. 형체라도 있음 있는 힘껏 끌어안고 싶으나, 핏줄 속에서 심장 속에서 온몸을 간질이니 전율에 훙얼훙얼 벌써 내 입은 그것을 부르고 있다.

"아리랑 아라리요- 아리랑 고개를 넘어간다.' 넘어간다 넘어간다."

그런데 왜 그렇게 목이 메는지? 고국에 돌아온 지금도 알 수가 없다.

# 백운선

서예학원을 오랫동안 다니고 있는 지인께서 주고 가셨다는 서류 봉투를 열었다. 갸우뚱하며 납작하면서 긴 상자를 열어보니 부채가 들어있다. 청실과 홍실로 예쁜 매듭이 장식되어 있는 부채를 펼쳤는데 나도 모르게 감탄사가 나온다. 정원서예학원 원장님이시고 포천문인협회 이사님이신 주봉 장동원 선생님의 필체에 시선을 빼앗긴 채 한 동안을 바라보고 있는데 익숙한 시가 그린 듯 적혀 있는 것이다.

나도 까마득히 잊었던 시를 찾느라 집에 오자마자 책꽂이를 훑으며 찾아보니 2011년도 〈포천문학〉 제13집에 올린 것이다. 6년 전의 책을 펼쳐놓고 미숙한 글에 한 자 한 자 정성으로 써주셨으니 감사한 마음과 쑥스러움이 교차한다. 너무 좋아서 가족들에게 보이며 자랑을 한 뒤 장식장에 넣어두고 다음 날 전화를 드렸다.

"이사님! 뜻밖의 선물 감사드립니다."

"임경애 이사님 마음에 드시나 모르겠네요."

너무 좋아서 장식장에 넣어 두었다고 말씀드리니 헤지면 다시 만들어 주시겠다는 말씀이시다. 뜻밖의 선물도 나의 마음을 헤량하심도 참으로 기쁘다. 요즘은 시설마다 에어컨을 사용하는 시대이고 보니 부채가 뒤로 밀린 것은 사실이다. 간혹 길거리에서 홍보용 부채를 받으면 순간을 햇빛가리갤 쓰기도 하지만 어느 날 자취 없이 사라지는 물건이다.

전철에서 책을 읽는데 지팡이짚은 풍채 좋으신 할아버지께서 옆에 앉으시더니 부채질을 하신다. 며칠 전 출판기념회에서 받아온 두툼하기도 하고 3권으로 되어있는 전집을 빨리 읽어보고 싶어서 핸드백의 끈이 늘어질 것을 감안하면서도 넣고 외출을 했던 터이다. 부채가 책 모서리에 부딪히기에 책을 조금 옆으로 밀었는데 부채의 반경이 넓어지며 계속 따라오며 부딪기도 하지만 머리카락을 날리니 턱이며 얼굴로 오는 불편한 순간이 반복된다. 두어 차례 슬쩍 보다가 다시 책을 보다가 고개를 들어 먼 쪽을 바라보았다. 책은 읽어야겠는데 여유분의 자리가 없는 어수선한 전철이다. 책을 덮으려다가 말씀드렸다.

"전철에서 시원해서 부채질 안 하셔도 돼요."

"부채가 자꾸 거슬리지요?"

모르시는 줄 알았는데 안절부절하는 모양새를 보시며 더구나 제지를 하고 있으니 짐작을 하신 것 같다.

"네? 그것보다는 부채질 오래 하시면 팔도 아프지만, 손아귀도 아프세요."

"그런 것을 어떻게……."

저희 할아버지께서 늘 부채를 들고 다니셨어요, 아이들이 자려면

부채질도 해주시구요 그런 다음은 꼭 팔이 아프다고 손이 아프다고 하셨거든요

그 옛날은 여러모로 쓸모가 있는 부채였다며 부채의 활용도를 이어가시기에 잠시 동안 대화가 이어지며 호흡하던 날들이 새삼스럽다. 요즘의 세대들이었다면 이어질 수 없는 대화는 구시대와 신시대를 잇는 시간으로 오래전의 삶의 풍속을 떠올리게 한다. 당시처럼 필수품은 아닐지라도 더욱 소중함으로 가슴에 와 닿는 애장품으로 남을 것 같은 부채를 한동안 조물거리다 보니 서예를 배우고 싶은 생각이 든다.

전시장에서 웅장함이 느껴지는 작품을 접해보았고 묵화 앞에서 필체 앞에서 매료된 적은 있었지만, 이토록 설레는 이유는 원장님의 필체로 그리듯 써내려 간 글이 나의 자작시라는 이유가 한몫을 하고 있는 것일까, 포천문예대학 14기 동문이고 20년을 웃음으로 인사하는 사이인 이상옥 님께 전화를 드렸다. 이토록 멋진 선물을 심부름해 주심에 감사를 드리며 언니 동생 하자는 제안을 흔쾌히 수락하셨다. 세상에 단 하나인 멋진 선물 받아 기분 좋은 날 언니까지 생겼으니 훗날 부채를 마주하면 설렘과 감사함으로 어우러진 오늘의 행복을 기억할 것이다. 18년 전 서예를 배우고 싶어 했던 기억마저 아득한데 배움을 상기시키시듯, 부챗살 사이사이 춤사위를 수놓아주신 시를 옮겨본다.

# 빛바랜 은행잎

가을이여
노란 집 붉은 집, 푸른 집 다 지었으면 이제 잠시 쉬렴
바둥되지 않아도 무채색으로 남을 여정

한 잎 두 잎 책갈피에
서리 내린 어느 날
빛바랜 은행잎은 추억으로 되살아나

변치 않을 우정을 약속하던 그 자리 서성이는데
묻어 나오는 외로움은
나를 기억하는 나무의자와 단풍잎
그리고
너의 애타는 마음이겠지

- 정유년 여름, 주봉

# 이옥순

전남 여수 출생,
≪한국문인≫ 시부문 등단,
≪스토리문학≫ 수필부문 등단
한국문인협회회원
새한국문학회 회원
한국스토리문인협회 회원
북문인협회 이사
문학공원 시동인
자작나무 수필동인
시집 『통 큰 여자』
수필집 『어머니의 겨울나기』
E-mail : Ios9107@naver,com

# 가장 행복했다고 말하리 외 2편

이 옥 순

나이 들어 공부도 하고 학사 학위도 받고 시인, 수필가, 낭송가도 되고 나니 누가 뭐라고 해도 나는 행복하다.

유년은 미래가 불확실한 시간을 보내며 달려왔다. 터를 잡고 개척한 시골에서 아이들 낳고 그들의 앞날을 위해 애쓰고 최선의 힘을 다해 일했다. 다행히도 사 남매는 잘 성장해 가족을 이루고 살아가고 있다.

시댁을 오가며 며느리 역할도 하려고 애쓰고 부모의 본분을 다했다. 내가 태어난 곳은 작은 시골마을이다. 그곳은 경치는 아름답고 아이들이 자라기에는 지상낙원 무릉도원이라고 할 것이다. 하지만 밤이면 호롱불을 사용해야 하고 어머니는 물레질 길 삼으로 여념이 없었다. 겨울이 되면 가마니, 덕석, 바수구리, 망태기, 빗자루 등 가용에 사용할 물건들을 만들었다. 농사철에는 농사일에 여념이 없었다.

소를 먹이고 암소는 새끼가 태어나면 소중하게 여긴다. 아버지는 별 단을 작두에 넣고 잘게 자른다. 소 밥이고 가마솥에 물 한 동이 붓고 미지근하게 되면 여물통에 부어준다. 소는 잘도 먹는다. 가을

걷이를 하고 나면 고구마 줄기도 밭 가장자리에 말려둔다. 마르면 요긴하게 소 밥이 된다. 어머니는 고구마를 삶아 먹고 남은 고구마도 소를 위해 먹인다. 정성으로 기른 소는 보답으로 일 잘하는 가족이 된다. 농사철이면 아버지와 논도 갈고 밭도 갈고 한 몸이다. 나의 유년의 친구도 소다. 소 몰고 다닐 때만 해도 항상 붙어서 생활했으니 말이다. 어디 소만 그러했겠는가? 병아리를 낳을 때도 마찬가지다. 병아리가 커서 암탉으로 되면 알을 낳고 알을 모아 둥지에 두면 알을 품는다. 아버지가 짚으로 둥지를 만들어 마루 옆 안전한 곳에 가상 나무를 만든다. 안전한 닭장이다.

어미 닭이 한참을 품고 있다가 보면 어느 날 알을 깨고 병아리가 태어난다. 아버지는 병아리를 하나씩 꺼내서 나에게 주신다. 치마에 고이 받아서 마당에 풀어 놓는다. 짹짹짹 꼭꼭꼭 푸드득 아장아장 노랑 검정 다양한 색으로 날갯짓을 하며 다닌다. 암탉도 같이 병아리를 이끈다. 사람들은 대를 이어 자자손손 가축들과 조화를 이루어 살아낸다. 또한 마당 한켠에 돼지우리를 만들어 준다. 밥을 먹고 남은 밥풀 여러 다양한 먹거리를 소화한다. 돼지 칸에 넣어둔 볕 단은 시간이 흐르면 거름이 된다. 소 마구에서도 소가 밟으면 다 거름이 된다. 닭똥도 모아서 요긴하게 쓰인다. 사람이 대소변을 보면 그 또한 짚단이나 풀 등에 섞어두면 겨울 지나 봄이 되면 거름덩이에서 김이 모락모락 오른다. 아름다운 풍경이다. 논에도 보약이 되어서 벼가 무럭무럭 잘 자라고 밭에도 역시 보약을 먹고 풍성한 먹거리로 되돌아온다.

비료도 섞어서 적당량으로 조화롭게 농사를 짓는다. 호박은 밭 가장자리에 심는다. 담을 타고 주렁주렁 언덕을 오르며 열린다. 여름이 되어 연하고 부드러울 때 따서 호박 부침도 만들어 먹는다. 가을이 되면 탐스럽게 큰다. 겨울이 오기 전 얼기 전에 따서 잘 익은 호박은 백설기 시루떡에 넣어서 먹으면 곶감 맛이 난다. 다양하게 즐긴다. 호박 나물은 물을 팔팔 끓이다가 채 썰어서 넣으면 파란색 나물국이다. 그리고 붉으죽죽한 것은 따서 풋고추도 불그스레한 것 넣고 호박도 듬성듬성한 크기로 썰어서 넣고 디포리* 몇 마리 넣고 쌀뜨물 받아서 된장 한 숟갈 넣고 국물 끓인다. 그 맛도 일품이다.

집 뒤란이나 지붕을 타고 올라가기 좋은 곳에 박을 심으면 지붕을 타고 올라간다. 달덩이가 되면 손톱으로 꾹 눌러본다. 어머니 말을 빌리자면 "손톱이 들어가지 않으면 바가지가 될 수 있다는 뜻으로 합격품이다." 속을 파내고 가마솥에 삶아내면 바가지가 탄생한다. 밥도 담아 먹고 양푼 역할도 하고 뻥튀기도 담아 먹고 무궁무진하게 가용에 사용된다. 어른들의 지혜의 강은 넘쳐 흐른다.

어버이의 크신 은혜 덕분으로 삶을 살아온 것이다. 그러한 지혜를 거울 삼아 꿈을 이루며 못 다한 공부도 하고 시인, 수필, 낭송 등 여러 장르를 도전하는 중이다. 꿈이 어디까지일는지는 모르지만, 더 나아가는 삶이기를 원한다. 생각해보면 요즘이 나의 인생 가운데 가장 행복한 날이라 여겨진다.

* 디포리 : 밴댕이

# 어버이의 삶 나의 언덕

이제는 나를 돌아보는 시간이 필요하다. 평생을 일만 시키고 한 번도 관리를 안 하고 달려왔다. 어린 시절에는 들로 산으로 소 몰고 다니고 꼴 베고 나무하러 다니고 여가시간이라고는 동무들과 돌을 곱게 다듬어서 공박기 놀이가 전부다. 농사철이면 개미 손도 부족한 농촌의 현장이다. 부모들은 내가 꿀잠을 자는 동안에도 일터로 나가셔서 일하느라 분주하시다. 농촌은 더워지기 전에 일을 하러 나가신다. 어쩌다 부모님 도움을 주기 위해서 넓은 흙마당에 한 바가지 물 떠서 손으로 뿌리고 싸리 빗자루로 쓴다. 마루도 닦고 뒤란도 구석구석 청소를 한다. 새벽에 일어나 해뜨기 전에 하는 일은 상쾌하다. 진지 드시러 들에서 돌아오고 새언니는 밥을 짓고 여름에는 마루에서 먹는다.

봄이면 벼를 항아리에 담가 싹이 나면 못자리에서 이종을 해서 옮겨 심는다. 여름 내내 냇가에 두레박을 설치해서 아버지는 물을 푼다. 보가 있는 논은 많지가 않아서 논가에 둠벙을 파서 충당을 하기도 한다. 모내기 철이면 온 동군이 나서서 손을 모은다. 줄잡이들이 안내를 잘해야 한다. 손발이 일렬로 잘 맞추어서 심어야 한다. 손이 느린 사람은 공터가 생긴다. 옆 사람과 손을 잘 맞추어서 진행해야 한다. 새참은 미역에 밀수제비를 넣어 끓이고 점심때 밥은 찰밥도 하고 다양하게 나온다. 우리 아버지는 신작로에 가는 사람은 다 불러 모은다. 막걸리 한 잔 대접하는 것이 정이다. 하루 종일 쟁기로 논을 갈고 다듬고 해야 모내기를 할 수가 있다.

논의 물을 실어 갈고 미리미리 준비를 해두어야 가능한 일이다. 봄부터 시작해서 돌보는 일은 그리 쉬운 일은 분명 아니다. 어머니는 밭을 책임지고 돌본다. 가을에 고구마를 캐내고 보리나 밀 씨를 뿌려두면 겨울을 견디어 봄에 파란 들녘이다. 봄에는 상추가 나는 철이다. 바다의 서대도 제철이다. 마을 사람들은 회핑이라는 잔치를 한다. 집집마다 텃밭에 심어놓은 상추를 거출하고 서대도 사온다. 막걸리로 만든 식초는 옛날 댓병 소주병에 담아서 부뚜막에 둔다. 소주병 입구는 솔잎으로 막아둔다. 식초는 살아서 맛을 낸다. 상추는 씻어서 큰 대소쿠리에 담아둔다. 서대 껍질을 벗기고 횟감으로 만든다. 잘게 다져서 큰다라에 담는다. 씻어놓은 상추와 고추장 막걸리 식초 넣고 버무리면 맛있게 된다. 생각만 해도 입가에 군침이 돈다.

어머니가 미리 담가놓은 막걸리를 체에 거른다. 사기 동이에 담아둔다. 마을 사람들은 하나둘 모여들고 잔치는 절정이다. 아이들도 신난다. 그렇게 봄에 힘을 비축해 두었다가 여름이 되면 부지런히 곡식을 일군다. 정어리가 나는 철이 되면 보리가 노오랗게 영근다. 밀도 함께 수확을 한다. 감똥 꽃이 만개해서 고샛길마다 떨어진다.

집집마다 수확의 기쁨으로 충만하다 햇보리가 나면 보리밥 맛을 보고 햇밀이 나는 철이면 갈아서 채에 거르고 밀가루를 만들어 옥수수 잎 깔고 봄 콩 넣고 찐다. 그 맛은 아는 이만 안다.

봄에 싹이 난 무강 고구마를 심는다. 아버지는 이른 봄 장군으로 똥오줌을 퍼서 미리미리 흙에 골고루 부어둔다. 싹이 난 무강을 이랑을 만들어 심는다. 보리를 수확하고 나면 소와 함께 쟁기로 갈고 둔덕을 만들어 둔다. 고구마 줄기가 탐스럽게 자라고 비가 오기를 기다린다. 때에 따라서 적당한 크기로 줄기를 잘라 심는다. 그리고 이랑 빈공간에 무씨도 심고 배추씨도 심는다. 또한 녹두, 콩, 팥, 돈부 등을 심는다. 여름내 엄니는 김을 맨다. 곡식은 농부의 발자국소리를 듣고 자란다는 말이다. 그런 모습을 보면서 따라하기가 버거워하면은 자신을 닮지 않기를 원하셨다. 막내라 떨어지는 것이 몹시 힘들었으나 나는 도시로 갔다. 아버지 어머니는 막내를 보내놓고 허전한 마음이 얼마나 크셨을까 어렴풋이 지금 그림이 그려진다. 다행히도 큰오빠의 자녀들이 태어나고 그 빈자리를 조카들의 재롱으로 채워졌다. 그리고 둘째 오빠도 결혼해 자녀들이 태어나고 분가를 했다. 막내 오빠도 결혼해 분가하고 막내딸까지 결혼하고 자녀들 놓고 잘 사는 것을 보고 떠나셨으니 원은 없으셨을 것이다.

이제는 큰오빠도 떠나고 막내오빠도 떠나고 둘째 오빠와 나만 남았다. 요즘 걸어 다니기가 조금 불편하시다고 한다. 평생을 농사가 천직이셨던 부모님에 비하면 수월한 삶이었으나 나름대로 무던히도 애쓰며 닮아 가려고 했다. 부모님들의 고단하고 어려운 시절을 어찌다 헤아릴 수가 있겠는가. 돌아보니 우리는 많은 것을 누리며 살아왔다는 생각이 들었다. 자녀들이 효도를 하고 우리가 부모에게 못다 한 것을 다 채워준 것 같다. 손자들이 커서 부모에게 효도를 또 할 것이라 여겨진다. 요즘 아이들 키우는 것을 보면은 우리는 저렇게까지 못했는데 생각이 든다. 세대에 따라 문화가 많이 변한 탓도 있다. 다양한 문화에 살아가는 다음 세대들은 더 많은 고민을 해야 할 것이다. 아들만 결혼해서 한 자녀라도 어서 낳아 살았으면 더 바랄 게 없다. 부모들의 마음을 아는지 모르는지 말이 없으니 궁금할 뿐이다. 언젠가는 부모의 마음을 이해하리라 믿어본다.

올해는 좋은 소식이 날아들기를 간절히 바란다.

# 전국소월백일장

오월은 가정의 달, 어린이날, 어버이날, 스승의 날 등이 있다. 삼년이라는 기간 동안 코로나19로 인해 온 나라가 아니 지구촌이 몸살을 앓았었다. 올해는 이제 마스크도 해제되었다. 하지만 여전히 마스크는 필수다. 예의를 지켜야 하는 문화로 받아들여야 할 모양이다. 자연을 아끼고 잘 가꾸어야 할 과제가 더 크다는 마음이 든다.

백일장 이야기를 하려다 잠시 다른 곳으로 흐르고 있다. 이수경암문학관에서 행사를 했다. 경암문학예술기념관 개관 4주년 행사를 개최한 셈이다. 전국적으로 고등부, 일반부 등 참여를 했다. 많은 이들이 모여들었다. 학생들은 대학 특기생으로도 선발해서 진학을 하기도 한다. 이철호 이사장은 한의학을 전공하여 한의사를 하다가 문학관을 열어서 지금에 이른다. 이제는 시낭송도 하고 대회도 열어서 행사를 했다. 나는 참가를 하기 위해 아침부터 일찍이 서둘러서 동작역에서 내려서 현충원으로 향했다. 안내문이 먼저 나의 시선을 붙잡았다. 잠시 인용을 해보자.

국립서울현충원은 1955년 창설되어 144만 평 대지 위에 17만 9천여 위의 순국선열과 호국영령이 영면하고 있는 민족 성역이라는 메시지가 있다. 또한 정문에서 마주 보이는 곳에서는 현충문과 현충탑이 있고, 현충탑 내부의 유대 봉안관과 현충탑 동문의 부부위패 판에는 6.25 전쟁 당시 전사하고도 유해를 찾지 못한 장병들을 비롯해 10만 4천여 유공자들이 위패로 봉안되어 있다는 것이다. 그리고 현충탑 내부 지하 봉안실에는 유해를 찾았으나 신원을 확인할 수 없는 7천여 무명 용사들의 영현이 봉안되어 있다고 한다.

다음으로는 이승만 대통령 내외분, 박정희 대통령 내외분과 김대중 대통령 내외분, 김영삼 대통령을 비롯하여 임시정부 요인, 독립유공자, 국가사회 공헌자, 군인, 경찰, 예비군 등의 영헌이 5만4천여 위가 안장되어 있다고 한다. 또한 봉안 시설인 충혼당에는 1만 8천여 위의 유공자들이 있으며 주요 시설로는 합동 봉안식과 추모행사 등 그리고 각종 행사를 거행하며, 호국영화 상영과 교육 프로그램을 운영하는 현충관을 비롯해, 이곳에 안장되어 계신 순국선열과 호국영령의 나라사랑 정신을 계승하고자 조성된 호국전시관과 유품전시관이 있다는 것이다. 다음은 이분들의 숭고한 정신을 기리는 각종 추모탑이 곳곳에 세워져 있단다. 현충관으로 들어오시는 분들은 경건한 마음와 단정한 복장으로 임해줄 것을 당부하고 있다. 나는 TV에서 대통령이 당선되어 참배하러 가는 모습을 보았다. 그런데 현장에서 직접 돌아보는 마음이 숙연해지고 그분들에게 고마운 마음이 들었다. 나라를 위해 애쓰신 분들을 잊지 말고 대대손손 기억해야 하겠다는 마음이 들었다. 과거와 현재, 미래를 바라보는 중요한 일이다.

전국적으로 모여든 고등부 일반부 많은 이들이 접수를 했다. 백일장에 주제 발표는 당일 한다. 글제가 정해졌다. 여행길, 빈자리, 생존 의미, 뒷간, 꿈 등이다. 나는 접수를 하고 주제 '여행길'을 썼다. 시 낭송도 해야 되어서 서둘러서 연습을 하고 임한다. 처음 낭송을 참여했을 때는 김소월 '개여울'을 했었다. 이번에는 이철호 '일출'을 낭송했다. 개여울은 시가 짧아서 암기하기가 수월했다. 그때도 틀리지 않고 하였다. 이번에도 하나도 틀리지 않고 손동작까지 해 보았다. 시낭송 1급 자격증 이수를 했고 전문 낭송가 자격증을 수료한 것이 조금 도움이 되었다. 아직도 많이 부족하지만, 열심히 하면 잘 할 수 있을 것 같다. 도전은 나를 한 걸음 더 성숙하게 만드는 지름길이다. 다양한 시를 더 접해보고 글도 부지런히 쓰다 보면 나의 삶도 더 풍성해질 것이다. 사실 나는 일터에서 매일 라디오가 친구다. 다양한 문화를 접하면서 지금에 이른 것 같기도 하다. 노래가 더 좋다. 교회에 가면 찬양을 한다. 어쩌면 노래말들이 그리 달고 오묘한지 트로트는 이미자 노래를 좋아했는데 지금은 다양한 노래가 다 좋다. 어렸을 때는 음식을 편식을 했는데 지금은 다 맛이 있다. 아마도 노래도 그런 것 같다.

시편을 보면 149편의 시가 있다. 나는 교회에서 주일학교 봉사를 하면서 올해 15년 봉사상을 받았다. 그리고 권사 직분에다 인도자 교회학교 중고등부 부장 직분만 받았지 아이들이 별로 없다. 초등부에서 중학생으로 올라온 아이들이 여자 2명 남자 2명 정도다. 고등부 남자 2명 그리고 형제 2명이 미국으로 갔다. 인도자는 온유 속 8

0세가 넘는 분들이다. 열심히 하려고 해도 이제는 나도 몸이 잘 따라주지를 않는다.

전국 백일장을 참여를 하면서 접수는 해놓고 갈등이 많았다. 아이들이 감기 등으로 아파서 어린이날도 어버이날도 친정으로 오지 못했다. 나도 감기로 목소리가 나지 않았다. 다행히도 행사 당일에는 목소리는 나오는데 콧물에 잔기침이 자꾸 나왔다. 일이 들어와 참여를 못할 형편인데 밤늦도록 대충해놓고 잤다. 남편은 자꾸 전화를 한다. 가시방석에 앉은 마음으로 일했다.

아무튼 어려움 속에서도 할 수 있다는 것만으로도 행복했다.

# 이 영 하

2010년 ≪문예춘추≫ 등단, 문예춘추 이사
한국통일문인협회 부이사장, 국제 PEN 한국본부 회원
예비역 공군 중장, 레바논 대사 · 공군 참모차장 · 호남대학교 · 호원대학교 · 건양대학교 초빙교수
민주평화통일 자문회의 상임위원 · 자문위원 · 한국군사학회 부회장, 대한민국 재향군인회 공군 부회장, 공군발전협회 항공우주력연구원 원장, 현재 사회공헌 다사랑월드 이사장, 이치저널 포럼 회장
대통령 표창, 보국훈장 삼일장, 천수장, 국선장, 한국문인협회 및 문예춘추 주최 제1회 통일염원문학상 수상, 국제문화예술협회와 열린문학주관 황희 정승 문학상, 예술상 수상, 경기PEN 문학상 작품상 수상, 한국강사협회 최고명강사 위촉패 수상

# 가슴속 열정의 화산에 불을 지펴라 외 2편

이 영 하

열정은 성공의 원동력이다. 성공에 이르는 과정에 도사리고 있는 수많은 난관과 시련을 이겨내는 힘, 실패와 좌절 속에서 자칫 바스러지기 쉬운 원래의 꿈을 목표에 도달할 때까지 간직해 낼 수 있는 힘, 그 힘은 바로 열정에서 온다.

그런데 주변을 돌아보면 거의 실현 불가능한 것처럼 보이는 목표의 실현을 위해 무모하리만치 저돌적으로 돌진하는 사람이 있는가 하면 별로 대단치도 않은 난관 앞에 주저앉아 무기력하게 하루하루를 보내는 사람도 있다.

왜 이런 차이가 생기는 것일까? 열정이란 몇몇 사람에게만 선천적으로 주어지는 특권인 것일까? 아니면 누구나 가슴속에 갖고 있지만 평소에는 가만히 있다가 어떤 계기가 주어져야 폭발하는 화산과도 같은 것일까?

우리 모두의 가슴속에는 분명 열정의 화산이 살아 숨쉬고 있다. 아직 때가 무르익지 않아 가슴 저 밑바닥에서 미동만 하고 있는 상태이지만 언젠가 계기가 주어지면 세상과 자신을 뒤바꾸는 위력의 열정을 보여줄 수가 있는 것이다.

하고 싶은 일, 좋아하는 일이야말로 열정을 불러 일으키는 가장 매력적인 동인이다. 게임에 몰두해 있는 아이들을 볼 때 하면 할수록 재미있는데 안 빠져들 수 있겠는가?

따라서 우리들은 현재 자기가 하는 일이 하고 싶은 일이요, 좋아하는 일이어야 하며 그래야만 열정을 가지고 열심히 하여 성공할 수 있는 것이다.

하고 싶은 일을 하면서 인생을 살아갈 수 있다면 얼마나 행복할까? 일과 즐거움이 일체인 삶, 아마 우리 모두가 꿈꾸는 삶일 것이다.

우리 사회에서 쉽게 발견할 수 있는 사례들을 보면 이제 일과 즐거움이 별개의 것이 아니고, 오히려 즐거움이 있어야 일도 제대로 할 수 있다는 것을 보여준다.

이같은 현상은 앞으로 더욱 일반화될 것이다. 경쟁이 치열해지면서 고객만족이 점점 중시되고 최근에는 평생고객화를 추구하는 오늘날 추세에 비춰 볼 때, 먼저 나부터 내일을 미치도록 좋아해야 하고, 좋아하는 내 일이 진정 내가 잘할 수 있는 성격의 것인지, 무슨 노력이 더 필요한 것인지를 진지하게 성찰해보아야 하겠다.

그래야만 사회의 각 분야에서 최상급의 전문인이 될 수 있게 될 것이다.

밑을 보고 있는데 어떻게 위로 올라갈 수 있겠는가? 올라가기 위해서는 위를 올려다봐야 한다.

우리 인생에서 누구에게나 열정에 불타는 시절이 있게 마련이다.

어떤 사람은 단지 30분 동안, 또 어떤 사람은 30일 동안 열정을 갖는다.

하지만 인생에서 성공하는 사람은 30년 동안 꾸준히 열정에 충만해 있다는 사실을 우리 모두 기억해야 할 것이다.

# 북한산 등산과 인생의 특별 보너스

1.

구기동 쪽으로 난 북한산 둘레길을 따라 꼬불꼬불 걸어 올라갔다. 연와정사를 지나 감람산 기도원을 지나가니 마치기독교인 지역과 불자 지역을 순례하는 기분이었다. 지난주에 갔던 똑같은 길이지만 느낌은 또 달랐다.

산에 올라가는 사람들의 모습이 너무나 다양하다. 어린이를 동반한 어버이, 나이가 꽤 많이 드신 할아버지, 서울을 사랑하는 모임 회원들, 등산로의 쓰레기를 줍는 착하신 아주머니 등 오늘은 유난하게 사람들이 많다. 바야흐로 봄기운이 완연해지고 있기 때문인 것 같다.

그러나 산은 여전히 겨울을 머금고 있었다. 계곡에는 얼음과 눈이 쌓여 마치 겨울옷을 입고 있는 것 같아도 산바람은 계속 봄을 실어 나르고 있었다. 이름 모를 새들도 이제 봄을 노래하는 듯 맑고 밝은 소리 일색이었다. 청담샘까지 가는 길은 지난 3년 전이나 다름이 없었다. 약수를 마시면서 지난 3개월을 되돌아보았다.

산이 내뿜는 봄의 기운을 담뿍 안고 하산하기 시작했다. 서울 시가지가 한눈에 들어왔다. 세상을 향해 '야호!'하고 소리쳐 보았다. 정다운 메아리가 귓전을 울렸다. 내가 살아있음이 행복한 아침이었다. 북한산 계곡을 흐르는 물소리에 내 소중한 열정을 띄워 보낸 아침이 닫혀지고 있었다.

2.

지난 주말에 이어 또 북한산을 찾았다. 산자락에 발을 들이자마자 온 누리가 백색의 페스티벌을 벌이는 것 같았다. 세속을 떠나 한 백여 미터 올라왔는데 세상은 별천지 같이 변해버렸다.

사철나무를 포함하여 고목의 팔 위에 눈꽃이 만발하였으며, 여기저기서 이 봄 속에 맞은 겨울 모습을 담아놓기 위해 카메라의 셔터 소리가 요란하게 들려왔다. 어린아이 어른 할 것 없이 온 산을 점령하고 있는 겨울 손님에 대한 환호성이 대단들 하다.

고도의 차이가 이렇듯 계절까지도 바꿔 놓는데 대해 다시 한번 놀라움을 느꼈다. 마치 내가 에베레스트의 등정 코스에 와 있는 착각을 갖게 해주었다. 눈을 밟는 소리가 뽀드득뽀드득 어린 시절로 나를 안내해 주었다. 겨울에 눈이 무릎까지 쌓이는 날이면 초등학교 인근 산으로 토끼몰이 다녔던 추억이 아련히 떠올랐다.

세속은 봄이 온다고 사람들이 춤을 추고 야단들인데 지금 여기는 한겨울을 연출하고 있으니 대자연의 오묘한 조화를 이처럼 실감나게 느끼기가 쉽지 않을 것 같다. 특히 바위와 길과 낙엽과 이끼까지도 뒤덮어 온통 백색으로 채색해버린 조화로움이 너무 믿어지지 않았다. 그리고 한 이틀 비가 와서 그런지 계곡 물소리가 폭포수 쏟아지듯 한 울림을 만들고 있었다. 지난주에 왔을 때와는 실로 다른 상황을 연출하고 있었다. 이제 그동안 가물었던 대지를 어느 정도 해갈해준 것 같았다.

대성문에 올라 서울 시내를 내려다보았다. 눈이 쌓여 가지가 견디기 어려워 신음하고 있는 듯한 나무들 사이로 내려다보이는 세상은 전혀 아무것도 변함이 없는 것처럼 조용하였다. 나는 오늘 인생의 특별 보너스를 받은 느낌이었다.

봄철 등산에서 생각하지 못했던 백색의 설원이 주는 상쾌함과 맑은 공기, 오색 등산복이 눈 세상에 만들어 내는 인간과 자연의 교감, 3시간여의 등산을 했는데도 전혀 피곤을 느끼지 못하는 특이한 체험의 시간들 때문이 아니었을까?

아직도 북한산은 겨울의 점령군이 위세를 부리고 앉아 있었는데 사람들은 어른아이 할 것 없이 속세로부터 부지런히 봄을 실어 나르고 있었다. 아마도 다음 주에 북한산에 다시 가면 인간들의 열화와 같은 정성으로 화사한 봄 얼굴이 우리를 반갑게 반길 것이라 기대해 본다.

3

아침에 일어나 아파트 뜨락을 거닐다가 북한산이 나를 부르고 있다는 생각이 들었다. 바로 등산복을 차려입고 밖으로 나서니 어젯밤부터 불었던 세찬 바람이 겨울만큼이나 아직도 살아있었다. 큰 나무들은 그래도 점잖게 든든하게 서 있었으나, 가지가 많은 작은 나무들은 제발 살려달라는 애원이라도 하는 것처럼 바람에 그냥 휘둘리고 있었다. 자연에 무기력한 생명체들의 비애를 보는 것 같아 서글퍼졌다.

오늘은 북한산 자락 어귀에 있는 명상길을 등산하기로 했다. 형제봉과 북악하늘길로 연결되는 길이라서 왠지 가보고 싶었다. 하늘길은 내가 전투조종사로서 33.5년간 걸었던 길이니 어찌 가보고 싶지 않았겠는가?

명상길로 들어서자마자 그 세찼던 바람은 길을 잃었는지 온데간데 없었다. 계곡으로 요리저리 구부러진 길은 왜 명상길로 불리게 되었는지를 쉽게 알 수 있게 해주었다. 너무 평화롭고 조용한 길이었다.

한참을 올라갔는데 오색딱따구리 부부가 서로의 애정 표시인 듯 부지런히 상대를 향해 구애하고 있었다. 오랜만에 딱따구리 가족을 보았으니 오늘 분명 기분 좋은 일이 생길 것 같다. 새들도 우리 인간들도 '사랑이 없다면 얼마나 무미건조할까?'하는 생각을 해보게 되었다.

오가는 등산로에서 "나무야! 내가 지켜줄게!"라고 쓰인 캠페인 광고가 맘에 와 닿았다. 모든 등산객이 정말로 심각하게 산불 조심에 동참했으면 하는 간절한 마음이 생겨났다.

여기저기 갈래길로부터 등산객들이 모여들어 좁은 길이 꽉 차 보였다. 다양한 색깔이 온 산에 가득해지니 이제 정말 봄이 온 것이

분명했다. 아침에 땀을 쏟고 내려오니 온 몸이 날아갈 듯이 가벼워졌다. 새롭게 시작된 4월을 힘차게 열기 위한 북한산 등산이 내게 주는 행복감이 너무 큰 아침이었다.

# 백향목의 나라 레바논과 우리의 자랑 동명부대

우리나라 5천 년 역사만큼이나 유구한 역사를 자랑하는 레바논은 아랍어로 '루브난'이라고 불리운다. 루브난의 의미에 관하여는 두가지 설이 있는데 첫째로, 고산지대에 덮힌 만년설의 '순수 흰색'을 의미한다는 설과, 둘째로는, '신의 심장'이라는 의미가 그것이다.

성경에도 자주 언급되듯이 레바논은 천혜의 기후조건을 바탕으로 축복받은 가나안 땅이자 오직 이 나라에서만 서식하는 백향목으로 유명한 나라이다. 레바논 백향목은 레바논 산맥 1,500미터 이상에서만 자라는 거대한 침엽수로서 오늘날에는 산맥 정상 일부에서만 볼 수 있는 희귀목이지만 구약 시대에는 울창한 삼림으로 레바논 일대를 덮고 있었다고 알려지고 있다.

오늘날, 대표적인 백향목 숲인 '부샤레'에는 수백 년에서 수천 년에 이르는 백향목이 장관을 이루고 있다. 그 중에는 키가 35미터에 달하고, 나무 둘레가 14미터나 되는 나무가 네 그루가 있다. 백향목 나무는 짙은 초록색 잎이 바늘 모양으로 펼쳐져 있어서 화려함과 웅장함의 극치를 이루고 늙을수록 청청하며 결실을 맺어 수목 중의 백미라 하지 않을 수 없다. 위엄, 힘, 영화, 그리고 영원함을 상징하는 백향목은 그래서 레바논을 대표하는 나무로 불려져 왔다고 한다.

이에 따라, 레바논 정부에서는 백향목을 나라의 상징으로 삼고, 레바논 국기의 정중앙에 백향목을 그려 넣었다. 또한 여섯 군데의 백향목 보호지역을 지정하여 국가적으로 보호하고 있는 바, 그 보호지역 중에서도 가장 유명한 곳은 레바논이 배출한 시인, 소설가, 화가이자 동시에 철학자인 칼릴 지브란의 고향인 부샤레이다. 내가 부샤레와 지브란의 상호 연관성을 확인해 보기 위해 부샤레를 방문했을 때 뭔가 신비스럽고 영험한 기운을 느낄 수 있었으며, 왜 이곳에서 레바논 최고의 영혼을 지닌 지브란이 영감을 받게 되었는지를 이해할 수 있게 되었다. 해발 3,000미터나 되는 고산지대에 위치한 브샤레의 백향목 숲 주변에 서게 되었을 때, 북풍설한의 척박한 땅에서도 꿋꿋이 자라는 귀한 나무들이 '눈속에 피어나는 설중매처럼' 고난을 딛고 일어서는 인내와 늠름함을 자랑하고 있었기 때문이었다.

그동안 레바논은 너무나 많은 역사의 질곡을 간직한 나라이다 보니 우리나라 국민들에게는 아직도 내전과 테러, 전쟁으로 더 많이 알려져 있으며, 2010년 5월부터 여행자제 지역으로 완화지정되었음에도 불구하고 여전히 우리 국민들의 레바논 방문이 쉽지 않은 실정임을 감안해 볼 때, 정말 그 지리적 이격 만큼이나 상대국을 알고 이해할 수 있는 기회가 아직도 부족하다는 생각이 든다. 2009년초에 대사로서 레바논에 부임한 이후 수많은 레바논 정 · 재계, 문화계 인사 등을 만나 얘기를 건네다 보면 그때까지도 우리 대한민국을 북한과 혼동하여 "남한 출신이냐? 북한 출신이냐?"고 묻는 사람들이 심심찮게 있는 실정이었다. 참으로 속상한 일이었다.

이러한 레바논 국민들의 우리 대한민국에 대한 인식을 바꾸고 더욱 더 널리 알리기 위해 우리 대사관에서는 "외교는 발품이다"라는 모토 하에 대한민국을 홍보하는데 최대한의 노력을 기울여 왔으며, 이러한 모토를 실천하는 좋은 예로서 지난 2007년부터 레바논 남부 지역에 파견되어 유엔평화유지활동을 지속해 오고 있는 동명부대의 활약을 들 수 있을 것이다.

그러면, 여기서 우리 동명부대의 활약에 관하여 소개하고자 한다. 동명부대는 레바논에 파견된 대한민국 평화유지군의 자랑스러운 이름이다. 동명(東明)은 동쪽에서 온 빛이라는 뜻으로 레바논의 밝은 미래와 평화를 위해 멀리 동쪽에서 온 부대라는 의미를 갖고 있다.

레바논은 중동 내 지중해 연안의 소국으로 수도인 베이루트는 '중동의 파리'라고 불릴 정도로 아름다운 곳이지만, 지난 수십년간 내전과 테러, 2006년 이스라엘과 헤즈볼라 간 전쟁 등에 휘말려, 정치적으로 매우 불안한 상황을 겪어 왔다. 특히, 2006년 7월 이스라엘과 헤즈볼라 간 전쟁 종식을 위해 2006년 8월 UN 안보리 결의 1701호를 채택한 이후, 휴전 감시와 지역평화 및 안정을 위하여 레바논 남부 이스라엘 접경지역에 UNIFIL이라고 불리는 유엔평화유지군이 증강되었다. 우리나라도 유엔의 요청으로 2007년 7월 4일 동명부대 제1진을 파병하게 되었다.

우리 동명부대의 주임무는 작전지역 내에서 불법 무장세력의 유입을 차단하고 활동을 억제하는 감시정찰의 본연의 임무수행과 함께, 주민친화형 민사작전의 수행으로 레바논인들의 마음을 사로잡고 있다. 그동안 우리 동명부대는 주둔지 인근 도시의 도로포장 공사를 실시하고, 태권도 교실과 컴퓨터 교실을 운영하는 등 각종 주민숙원 사업을 적극 지원해오고 있다. 봉재 교실도 큰 인기를 끌며 주변으로 확대되었고, 의료기기 전달과 주민환자치료는 지역주민들의 아픈 상처를 어루만지고 희망을 심어주기에 충분하였다.

때문에 현지인들의 호응도는 상상을 초월하고 있으며, 우리 동명부대를 "신이 내린 선물"이라고 극찬하기에 이르고 있다. 우리 동명부대가 파견되기 전에는 우리 나라에 대해서 전혀 알지 못했던 주민들도 동명부대의 주민친화적인 민사작전 활동을 통해서 대한민국에 대한 애정과 관심이 월등히 높아진 상태이며, 2010년 6월, 남아공 월드컵 경기때는 주민들이 집집마다 태극기를 게양하고 우리 대표팀을 응원할 만큼 우리 대한민국에 대한 각별한 애정을 나타내기도 하였다. 이러한 주민들의 애정과 관심이 더욱더 커져서 레바논 전역으로 퍼져나가게 되면 우리나라와 레바논의 관계가 더욱 돈독해지고 제반 교류 협력이 늘어나는 데 크게 일조할 것으로 믿어 의심치 않는다.

또한 우리 동명부대는 우리나라 군사외교 활동의 주요한 축을 담당하고 있다고 생각한다. 지금은 파견국 수가 바꾸었을지 모르나, 2 010년경 대사로 근무하던 시절에는 30여 개 국이 파병한 평화유지군 12,000여 명이 저마다 자국의 명예를 위하여 임무 수행에 최선을 다하고 있었으며, 각 파견국 부대 간에 활발한 군사친선 활동을 도

▶ 눈 덮힌 겨울철 백향목의 모습

모하고 있었다. 필자는 레바논 정부 관계자들을 만날 때마다, 유엔 평화유지사령관을 접촉할 때마다, "동명부대는 PKO 작전의 모델"이라고 평가하면서 "탁월하다"는 찬사를 들을 때마다 군출신대사로서 뿌뜻한 자긍심을 느낄 수 있었다.

실로 동명부대의 존재는 천군만마와도 같다고 할 수 있었다. 8,000km나 떨어진 이역만리에서 동명부대원들이 흘리는 한 방울의 땀이 곧 우리 국군의 명예를 드높이는 동시에 외교무대에서 대한민국의 국격을 한층 더 높이는 계기가 되고 있었기 때문이다. 작전지역내 주민들에 대해 내 가족처럼 성심과 정성을 다하고 있는 동명부대원들을 볼 때마다, 그리고 이들이 수행하는 일에 대해 무한한 신뢰와 감사를 표시하고 있는 지역 주민들의 만족스런 미소를 볼 때마다 우

▶ 칼릴 지브란의 고향 부샤레 지역의 백향목

리장병들이 무한히 자랑스럽고 믿음직스러우며, 우리나라를 대표하는 대사로서 업무를 수행하는데 큰 힘이 되어주었음을 실감하게 되었다.

백향목의 나라 레바논을 생각하다 보니 우리 선조들도 소나무를 사랑했다는 생각이 들었다. 그래서 애국가 가사에서도 민족의 기상을 소나무에 비유하여 "남산 위에 저 소나무 철갑을 두른 듯, 바람소리 불변함은 우리 기상일세"라고 노래 불렀으며 일제시대의 독립투사들도 소나무를 보면서 독립의지를 고취시켰다고 한다. 한편, 레바논 사람들은 우리나라 사람들이 소나무를 좋아하는 것만큼이나 백향목(소나무과)을 무척 좋아했으며 그래서 레바논 국기 정중앙에 백향목을 그려 넣게 되었고 국가(國歌)에도 "불멸의 상징 백향목은 우리나라의 자긍심"이라고 노래하고 있다. 이렇듯 소나무에 대한 각별한 애정은 대한민국 국민이나 레바논 국민의 정서가 별로 다르지 않았음을 발견하게 되었다.

지난 2011년 2월 12일은 양국관계에서 특별한 날이었다. 이 날은 대한민국과 레바논이 수교를 맺은지 30주년이 되는 역사적인 날로서 양국 대사관에서는 정치, 경제, 사회, 문화 등 모든 분야에서 실질적인 교류를 증진시키기 위해 "Hello Lebanon, Meet Korea"라는 기치를 내걸고 성대한 기념행사를 실시하였다. 한국과 레바논의 문화인들이 한데 어우러져 같이 춤추고 노래하는 화합의 한마당을 보면서 우리 문화가 중동에도 깊이 확산될 수 있다는 확신을 가질 수 있었다. 필자는 레바논 대사 시절에 "레바논에 휘날리는 태극기를 보면서 조국에 대한 사랑과 그리움에 눈시울이 붉어졌던 순간들"을 되돌아 보면서 한국과 레바논간의 교류 협력 증진을 도모하고자 "한-레바논 문화교류 협회"를 창립하였고 관심 있는 우리 국민들이 많이 동참하기도 하였다.

2031년에 맞이할 수교 50주년을 향해 지속적인 항해를 하고 있는 양국관계를 생각하면서 백향목의 나라 레바논에 대한 문화를 이해하고 즐기려는 조그마한 우리들의 노력이 선행된다면, 비록 머나먼 지리적 이격 거리에도 불구하고 아랍리그에서 중요역할을 담당하는 레바논이 좀 더 가까운 우리의 이웃으로 다가설 수 있을 것이라 확신해본다.

# 권 영 분

1999년 계간 ≪뿌리≫ 시등단
뿌리문학상 신인상 시부문
뿌리문학회 회장 역임
한국스토리문인협회 회원
자작나무수필 동인
詩歌 흐르는 서울 월간문학상 선정위원
저서 『그리움 하나 강물에 띄우고』(2003),
『잔치는 시작됐다』(2010),
『하늘갤러리』(2015)

E-mail : sowon0106@naver.com

# 오이도의 밤 외 2편

권 영 분

여름 끝자락, 하나뿐인 백년손님 내 사위 생일 겸 눈에 넣어도 아프지 않은 손자 녀석 둘 앞세우고 딸 사위와 함께 가까운 오이도로 여름 나들이를 나섰습니다.

갯벌을 품은 바다가 속을 비우고 서쪽 하늘을 물들이며 넘어가는 노을빛에 함뿍 젖어도 보고 비릿한 바다내음에 행복한 오후, 밀려나간 바닷물이 제집을 찾아 들어오고 갈매기들이 그림처럼 날아다니는 풍경, 많은 횟집들이 화려한 네온사인 빛으로 길 위에 사람들을 불러 모으는 삶의 터전, 저 멀리 하나둘 켜지는 불빛 등 어둠이 내려앉는 바닷가는 참 자유롭습니다.

음악을 사랑하는 사람들이 통기타를 튕기면서 추억을 불러주는 저녁, 발걸음을 멈추고 여름밤의 풍경을 맘껏 즐겨봅니다. 산다는 것은 늘 어깨를 짓누르는 무게, 마음 놓고 웃어본 적이 있었던가요?

늘 치열한 사회 속에서 앞만 보고 달려온 사람들, 지친 삶을 잠시 내려놓고 맛있는 음식을 한상 푸짐하게 대접을 받고 '할아버지 최고~' '할머니 최고~' 손자 녀석들 입맛 맞추어 먹이면서 내 자식들 웃는 모습이 좋아서 이보다 귀한 것이 없는 것 같아서 빵빵 터지는 불꽃놀이를 보면서 야경에 여름밤은 화려한 꽃밭, 삶이란 늘 즐거움만 있는 것이 아니지요.

계절도 봄, 여름, 가을, 겨울이 있듯이 삶도 가끔은 울고 싶고 가끔은 주저앉고 싶었던 그 모든 것을 견디며 걸어가는 것이 삶이지요. 가족이 함께하는 이 순간 지금 이 꽃길을 걸어가면서 내일을 꿈꾸지요.

꽃넝쿨로 하나가 된 가족들, 한적한 바닷길을 깡통열차를 타고 달려보는 길, 덜컹거리는 삶의 아우성 마음껏 웃고 가슴속에 접어 넣어두는 추억 한 장, 여름밤 낭만가수가 불러주는 행복한 사람, 빨간 등대에 불빛이 들어오고 우리들의 삶도 쉬어가라고 발걸음을 멈추게 하네요.

부족한 나의 삶을 가족이란 이름으로 서로 의지하고 채워가면서 입으로 '나는 행복한 사람이다.' 흥얼거립니다. 저 바다는 변함없는 몸짓으로 생명을 키워가고 많은 사람들의 삶이 다양하듯 터지는 불꽃도 여러 가지 화려한 네온 불빛도 여러 가지입니다.

오늘 한 조각 행복한 삶을 꿈꾸면서 아름답게 살아가겠습니다. 잠들지 않는 바다 저 화려한 불꽃처럼 저 많은 사람들의 소원처럼 달콤한 차 한잔의 휴식으로 나를 충전하면서 저 자연에 배운 삶처럼 순리를 거스르지 않고 오늘 이 순간 행복의 끈을 동여매고 가족들의 웃음의 힘으로…….

저 바다는 말이 없지만 묵묵하게 제 길을 가듯이 내 안의 좋은 추억이 좋은 기억이 오늘도 스멀스멀 나의 가슴을 두드립니다.

쭉 걸어가야 할 우리들의 길이 꽃길이 되기를 기도하며 이 여름밤 오이도에서 함께한 아름다움만 가슴속에 곱게 넣어 보렵니다.

# 우리 엄마

목욕하시고 예쁘게 잠이 드신 우리 엄마, 세상 모르는 아기처럼 순하고 예쁘십니다. 엄마의 잠든 모습을 보고 또 보고, 우리를 키우실 때 엄마도 그러셨겠지요.

지금은 우리가 그래요. 아기처럼 작아지시고 약해지신 엄마의 몸을 씻겨 드리면서 엄마의 예쁜 발을 닦아 드릴 수 있어서, 엄마의 신발을 사드릴 수 있어서 얼마나 감사한지요.

세월의 무게를 내려놓으신 엄마가 그저 편안하실 수 있다면, 그 한 가지만 기도하면서 이렇게 엄마를 바라볼 수 있어서 얼마나 행복한지요.

구십칠 년 세월 속에 변함없는 엄마의 자식 사랑. 내 자식들 서로 아끼고 사랑하면서 웃고 사는 것만 바라시는 작은 소망. 그런 엄마에게 따뜻한 밥 한 끼 챙겨 드리고 싶어서 엄마에게 오는 그 마음이 얼마나 신나는지요.

무엇을 좋아하실까 부드러운 과일도 부드러운 케익도 양손 가득 사들고 엄마하고 부르면서 들어가는 그 기분은 세상을 다 가진 행복이지요. 부드러운 순두부찌개로 밥 한 공기 그릇을 비우시는 엄마가 너무 고마워서 엄마 잘 드셔서 감사해요.

또 드시고 싶은 것 있으면 말해주세요.

"그래 잘 먹었다."며 활짝 웃으시는 엄마가 고마워서 작은 일에도 크게 칭찬해드리고 싶어요. 엄마의 웃는 얼굴 보고 싶어서 가끔씩 "엄마 이건 왜 이렇게 했어요?" 그런 핀잔도 이제는 안 할래요.

내가 딸이라고 챙겨주시고 "고맙다, 잘 가라, 잘 지내라." 그 한마디 해주시는 것만으로도 감사하고 행복합니다. 엄마 곁에서 보내는 이 시간 소중하고 귀해서 보고 또 보면서 엄마라는 큰 숲에서 재잘거리지요. 아기가 되어버린 엄마지만 엄마라는 이름 그 존재만으로도 우리에게 엄마는 큰 산입니다. 엄마 우리들이 좀 더 단단하게 여물 때까지 지켜봐주셔야 해요.

엄마 내일은 또 다른 딸이 올 거에요. 아시지요? 엄마가 계시기에 어떤 일도 다 견딜 수 있어요. 엄마 우리 엄마 사랑합니다.

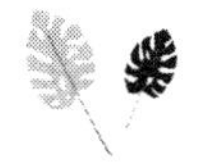

# 조양방직

구십 년 세월의 흔적들이 남아있는 곳, 눈을 감으면 그 시절 풍경들이 그려지는 곳. 멋진 통근 버스를 타고 내리던 조양방직 직원들이 이 문을 통해 출근을 하고 큰 기계 앞에서 한올한올 소창을 짜던 그 덜컹거리는 소리가 들려오는 듯 합니다.

치열했던 삶의 일터가 되었던 곳, 우리나라에서 제일 먼저 소창을 짜던 곳, 배고프던 시절 이곳에서 삶의 길을 찾아가던 곳. 오랜 세월 이곳에서 그 맥을 이어갔지만, 세월의 변화로 사라지고 역사의 소중함을 보존하고 싶은 사람들의 노력으로 그 모습 그대로를 남겨두고 지금은 현대인들의 쉼터로 사랑받는 미술관 카페가 되었습니다.

그 시절 시간여행을 하고 싶어서 많은 사람들이 찾아오고 그 속에서 이 나라의 변천사를 봅니다. 그 옛날 어린 소녀들이 청춘을 바쳐 일해 오던 곳. 꿈꾸는 새가 날개를 접지 않듯이 가난했던 그 시절로 돌아가 보면 한 가정의 소녀 가장이 되어서 많은 형제들의 맏이로서 나 하나 배움을 포기하고 일하면서 파란 꿈을 키우던 곳. 낡은 타자기를 두드리던 모습이 남아있는 곳곳에서 그 시절 추억을 건져봅니다.

그 시절 우리에게 소창이란 없어서는 안 될 소중한 물품이었습니다. 새 생명이 태어나면 기저귀로 한 필, 마지막 떠나는 길에 끈으로 한 필.

소창의 역사는 삶과 죽음을 이어주던 무지개다리 같던 곳. 나도 내 아들 딸을 소창 기저귀로 키웠고 먼길 떠나시는 아버지를 소창 끈으로 보내드렸습니다. 소창의 소중함을 경험한 한 사람, 우리는 이 역사의 현장에서 무엇을 느끼고 무엇을 배우는지 차 한잔을 앞에 두고 가슴이 먹먹해집니다.

이곳이 차를 마시는 카페지만 이 나라의 발전사를 볼 수 있는 큰 교육장이 되는 곳입니다. 코끝이 찡해옵니다.이곳에서 큰 발판이 되었던 경제가 이 나라의 밑바탕이 되지 않았을까요? 소중하게 여기고 이 모습을 보존하게 만든 사람들이 있어 오랜 역사를 만나 볼 수 있게 하여 주셔서 감사할 뿐입니다. 돈을 보관하던 금고, 지게에 돈을 지고 은행을 드나드셨다는 옛날이야기, 세월을 견딘 나무가 옹이가 깊듯이 삶의 바람을 견디고 온 이 장소가 오래도록 이 나라의 역사의 현장으로 남아 주시기를 바라는 마음입니다.

마음에 큰 울림이 있는 곳, 살다가 살다가 삶이 힘들면 한번쯤 찾아오세요. 강화에 있는 조양방직으로요. 오늘도 희망이 뭉게뭉게 피어나는 곳, 이곳은 조양방직 카페입니다.

# 유인자

≪스토리문학≫ 시 수필 등단
미국 뉴욕 거주
한국스토리문인협회 미주지부 회원
문학공원 동인
자작나무수필 동인
시집 『분만 왕진 가던 날』
수필집 『하나님 품에서 일군 행복』

# 언니와의 추억 외 2편

유 인 자

젊은 시절 건강한 힘만 의지했던 지난 날, 나는 노년이 내게는 오지 않을 것이라는 착각 속에 무리하게 밤낮 가리지 않고 아이들 교육에만 집착했던 세월을 흘려보냈습니다. 무리하게 일했던 어깨가 부자연스럽고 통증으로 인해 물리치료를 받아야 된다는 딸의 성화에 못 이겨 뉴욕 언니집에 유숙하여 치료를 계속 받았습니다.

치료받는 중 언니는 나에게 정성을 다하여 식사를 제공했습니다. 어머니의 음식 솜씨를 모방한 육개장을 만들어 주며 맛있게 잘 먹는다고 언니는 기뻐했습니다.

물리치료를 계속 받고 호전된 나는 언니집을 떠나 뉴저지로 가는 버스를 기다리고 있었습니다. 배웅 나온 언니의 얼굴 모습에서 친정어머니의 따스한 애정 어린 모습을 발견한 내 뺨에 한없이 눈물이 흘러내렸습니다. 내 얼굴애 흐르는 눈물에 흐르는 눈물을 본 언니도 눈물이 글썽거렸습니다.

언니는 노란색 보따리 하나를 내게 주었습니다. 집에 돌아와 보따리를 풀었습니다. 참기름, 깨소금, 김, 미역, 화장품, 양말 등 기타 필요한 생활품을 정성껏 싸준 물건들을 한참 멍하니 바라보고 있었습니다. 언니의 고마움을 느낀 나는 갑자기 어머니가 보고 싶은 그리움의 파도가 가슴에서 한없이 요동쳤습니다.

친정에 다니러 갔을 때 여러 가지 농작물을 싸주면서 서울로 가는 딸을 기차역까지 따라오셔서 오랫동안 손을 흔들어주신 어머니의 고마움과 희생을 뼈저리게 절감했습니다. 두 살 위의 언니와 어릴 적 가끔 싸워서 어머니한테 야단맞은 적이 있었습니다. 여름철 밤에 봉선화 꽃으로 손톱에 물들이면서 언니 것을 빼앗았습니다. 순한 언니는 동생한테 빼앗기고 울었습니다. 이 장면을 지켜보신 어머니는 아무 편도 아니었습니다

어둠컴컴한 창고에서 새끼줄을 꺼내시고 목과 온몸을 칭칭, 돌돌 감았습니다. 형제가 우애롭지 못하고 싸우면 차라리 내가 죽겠다고 하셨습니다. 겁 많은 언니는 놀라 큰 소리로 울면서 "어머니 죽지 마세요. 제가 잘못했어요. 다시는 동생과 싸우지 않겠어요."하며 어머니 치맛자락을 휘어감고 매달리면서 슬피슬피 울었습니다.

나는 새끼줄로 감긴 어머니를 두근거리는 두려움으로 주목하여 지켜보았습니다. 새끼줄을 풀려고 어머니 곁에 돌격할 때 밤마실 갔다 들어오시는 아버지는 이 밤에 웬 울음소리냐고 하시면서 울고 있는 언니를 안아주셨습니다. 나는 빌지 않고 고집이 세다고 어머니한테 야단맞았습니다. 어머니는 형제와 싸우면 죽는다고 으름장을 놓으셨기 때문에 겁나고 무서워서 싸우지 않고 형제와 우애하고 지냈습니다. 언니가 양보를 많이 했습니다.

부모님의 엄하신 따뜻한 교훈으로 우애하면서 잘 성장하였습니다.

언니와 어릴 적 기억을 더듬어 보면 참 아름다운 기억들이 실타래에서 풀려나오는 선명한 장면에 도취되기도 합니다

항상 동생인 나를 어머니처럼 건강을 잘 챙겨주고 따뜻한 정성으로 사랑을 베풀어 주는 언니가 계셔서 참으로 감사합니다. 이젠 노년이 되어 서로 의지하며 주님 품 안에서 삶을 즐기면서 행복한 날을 보내고 있습니다.

# 작은 사건

출근 준비하는 소리가 요란하여도 아이들은 깊은 잠속에 묻혀 있었다. 시계를 보았다. 새벽 5시였다. 'gas를 넣어야지'하는 생각을 하면서 가게까지 왔다. 무척 추운 겨울 날씨었다. 일감이 많이 들어와서 늦은 시간에 허둥지둥 가게 문을 닫고 on stop으로 highway를 달려 가든 스테이트를 지나 80번을 타고 집 가까이 왔었는데 차 소리가 이상하여 길가에 세우고 점검해도 알 수가 없었다.

heat을 켜고 왔었기에 외부의 추위를 모르다가 시동이 끊어진 차 속 찬 공기가 몸을 에워싸니 떨리고 추워 남편은 나의 떨리는 손을 잡고 기도하였다. "세상일에 분주하여 동분서주하다가 이런 변을 당하게 되었습니다."

gas가 empty인지? 다른 문제인지 알 수가 없었다. 추운겨울밤 간절히 기도하며 도울 자를 기다리고 있는 중 지나가는 TOWING 차가 멈추면서 무슨 문제냐고 물었다.

나는 "아마 GAS가 없는 것 같다."고 했고, 그도 보고 'GAS가 없다'고 진단을 내리었다. 차를 끌러 가려고 애쓰더니 자기 차가 고장이라면서 다 같이 가서 GAS를 가지고 오자는 제의를 했다, 난 그에

제의를 얼른 받아들이기 싫었다. 전에 하이웨이를 다니다보면 GAS만 부어주면 문제를 즉각 해결하기도 했는데 GAS도 없고, 토잉 구실도 못하었였다.

망설이고 있는 나를 바라보면서 차가 길가에 밤에 서 있으면 위험하여 뒤에서 오는 차가 잘 못 보고 받을 수 있고 연말이면 강도나 갱들이 도와준다면서 해칠 수도 있으니 차만 놓고 모두 같이 가자고 설득하였다.

나는 그의 반짝이는 커다란 눈을 뚫어지게 말없이 바라보았다. 나의 마음을 눈치 차린 그는 솔직히 말하면서 '너희들 놓치면 자기 수입이 없다'는 것이다. 결국 두 분이 GAS를 가지러 가고 나는 차 속에 조용히 있고도 싶었고, 차도 지킬 겸 '조금만 기다리면 되겠지'하는 가벼운 생각으로 차에 남아있었다.

시동이 끊어진 차속에 앉아 있으니 점점 추워져 덜덜 떨려 견딜 수가 없어 코트 카라를 머리 위까지 추겨 올리고 코트 소매에 손을 넣고 GAS를 가지러 간 사람들을 기다리는 동안 추위는 더욱 강해지고 바람은 세차게 윙윙 소리를 내면서 서 있는 차를 마구 흔들리었다.

추위에 떨려 이가 부딪는 딱딱 소리만 차 안에 가득하고 캄캄하여 늘 가지고 다니던 책들도 볼 수가 없었다. 답답하여 뒤를 바라보았다. 차 헤드라이트 불빛이 내 차를 칠 것 같이 달려왔다. 밤에 보는 물체는 정확성이 없어서인지 또는' 잘 못 보고 차를 칠 수 있다'는 선입감으로 두려움이 앞섰다.

큰 화물차들이 달리는 진동이 커서 차가 마구 흔들렸다. 불안하고 두려워 경찰이라도 왔으면 하고 바랐다. 야심한 겨울밤이 왜 이다지도 지루하고, 춥고, 피곤하고, 갈증까지 나는지, 게다가 졸음까지 밀려왔다.

'이럴 줄 알았다면 같이 갈 것을'이라며 후회하는 중 서서히 불길한 생각과 초조로 덮어져 가고 있을 때 나도 모르게 벼락같은 소리를 질렀다.

"내가 추워 얼어가고 있어요."

덮치는 두려움을 큰 소리로 기도하니 마음이 안정되었고 추위와 불안과 초조를 기도와 찬송으로 몸과 마음을 뜨겁게 감쌌다. 이마에 땀이 맺히고 몸이 따뜻해졌다.

바로 눈앞에 번쩍번쩍하는 토잉차가 멈추면서 GAS통을 들고 가까이 오는 남편을 차 문 열고 반가이 맞이하였다.

"추워서 고생 많이 했지요?"

"아니요. 기도하고 찬송했어요."

"나도 추웠어요. 토잉 차도 HEAT가 고장이었고, 앉을 좌석도 없고 안 따라오기 잘했어요. 차도 고장이 아닌데 서툴러서 그랬어요." 라며 '주인한테 야단을 맞았다.'는 말에 가엾기도 하였다.

밤늦게 집에 왔다. 기다리고 있는 큰아들이 반가이 뛰어나왔다

"아빠 왜 이렇게 늦으셨어요."

"GAS가 없어서. 길에서 아빠보다 엄마가 많이 고생했다."

“아빠 게이지를 잘 보고 매일 GAS를 넣어야지 먼 길을 출퇴근하시는데 안심되지요.”

“게이지가 고장 난 것을 몰랐다.”

막 잠들었다는 큰 딸이 물었다.

“엄마 추운날 왜 늦었어요?”

“응 일이 밀려서, 일을 더하고 오느라고 그랬지.”

“엄마 가게 문 닫을 때 기도 잊어버린 것 아니예요? 언젠가도 기도 잊어서 가게 뒷문을 안 잠그고 온 적도 있었잖아요”

‘막둥이가 엄마 기다리다가 지쳐 잠 들었구나.’하고 머리를 쓰다듬으니 눈뜨면서 말했다.

“엄마, 나 배고파. 저녁도 안 먹었어요.”

“맛이 없어서?”

내가 놀라 묻자 ‘아니 엄마한테 어린양 하는 거야.’하고 큰 딸이 말해준다.

“엄마 작은 누나가 내 선물 사가지고 내일 온대요. 아빠 아-빠 왜 늦었어요.”

큰 소리로 물었다

“쉬쉬, 조용히 해 돈이 없어서 GAS를 넣지 못했다.”

“아빠 아빠, 나 돈 있어요. 왜 말 안 했어요. 아빠 다 가지세요.”

벌떡 일어난 아이가 말했다.

싸고 싼 봉투에 돈을 세어보니 꽤 많은 돈이었다. 온 가족이 돈에 눈이 함께 멈추었다.

"무슨 돈이야?"

큰아들이 목소리 높이었다

"어디서 난 돈이냐고?"

큰아들이 추궁하였다. 고개를 떨구고 대답 못하는 어린 동생이 측은한지 큰딸은 나와 말했다.

"현정이가 또 엄마가 준 돈을 모아서 아빠, 엄마선물 산다고 모은 돈이에요."

금세 눈물이 고여 눈길 돌리는 큰아들에게 내가 말했다.

"너도 어릴 때 네 동생보다 더 착했어. 네 동생이 모두 너한테 배운 것이야."

남편이 말했다.

"작은 일이 큰 사건을 만들게 된단다."

그렇게 설명할 때 "아빠 작은 일을 잘해서 성공한 사람이 많다고 배웠어요."라며 막내가 훈수를 든다

장성한 아이들은 아빠보다 차원 높은 이론을 전개하려 했지만, 밤이 깊어져 각각 따뜻한 보금자리로 들어갔다.

# 아버지 생각

아버지의 달 6월이 오면 아버지 생각이 간절합니다. 초등학교 들어가기 전이었습니다. 어린 시절 일이었습니다. 우리 집 넓은 텃밭에 아버지가 심은 장다리는 이른 봄에 꽃이 피어 하늘하늘 바람에 나부꼈고 노랑나비 떼들이 몰려와 노랑꽃 위에 앉곤 했습니다.

꽃과 나비가 같은 노랑색이라 분간하기 어려와 눈에 잘 여겨 두었다가 나비가 꽃에 날개 접고 앉으며 가만히 잡으려고 애를 썼지요. 그러나 이꽃 저꽃으로 옮기는 바람에 나비는 잡지 못하고 장다리꽃만 온통 짓밟았습니다.

점심 먹으라고 어머니가 부르는 소리에 깜짝 놀란 나는 대청마루에 차려놓은 밥상을 물끄러미 바라보고만 앉아 수저를 잡지 못하고 걱정에 잠긴 채 가슴이 두근거려 밥 생각이 없어졌습니다. 왜냐하면 노랑나비 잡아서 남동생에게 주려고 한 것이 모두 허사가 되었기 때문입니다.

게다가 어머니가 밭에 가시지 않아서 모르시지만 보신 후 장다리가 꺾인 것을 알게 되면 꾸중 듣고 매맞을 생각을 하니 종아리가 아파 오기 시작했습니다.

점심을 먹지 않는 나에게 어머니는 식기 전에 어서 먹으라고 재촉하셨습니다. 들에서 돌아오신 아버지는 나의 시무룩한 표정을 보시고 '왜 점심을 먹지 않느냐?'고 하셨습니다. 눈치를 채신 아버지께서 살며시 "왜 그래? 어디 아프니?"라고 물으셨으나, 나는 대답 대신 와락 울음을 터트렸습니다.

"동생에게 노랑나비 잡아서 주려고 했는데 나비는 못 잡고 장다리꽃만 짓밟았어요."

아버지는 '걱정하지 말아라.'고 위로하시며 점심 먹은 후 노랑나비를 잡아주실 것을 약속하셨습니다. 가끔 어머니께 잘못한 일로 꾸중 듣고 울고 있으면 포근히 안아주시고 위로해주시며 '어머니가 너를 사랑하여 매를 들고 걱정한 것이란다'하시면서 눈물을 닦아주시기도 하였습니다.

아버지는 새벽 일찍부터 저녁 늦도록 논과 밭에 일꾼들을 거느리시고 쉴 틈 없이 부지런히 일하시는 농부였습니다. 여름철 들판에서 일하실 때 억수 같은 소낙비가 내려쳐도 비에 젖은 몸으로 일을 다 끝내고 오신 아버지는 어머니의 가사 일까지 도와주셨습니다.

어느 봄날 학교에서 돌아오니 아버지는 돼지우리를 수선하고 계셨습니다. 나는 곁에서 아버지를 도와주었습니다. 바닥에 판자를 깔면 배수도 잘되어 전염병에 걸리지 않아서 돼지가 잘 성장할 수 있다고 학교에서 배웠습니다.

아버지께서는 '그렇게 해야 하는 것을 알면서도 지금껏 바빠서 수리를 못 했구나.'라고 하셨습니다. 깨끗한 우리에서 돼지는 무럭무럭 성장해가고 있습니다. 모내기 철에는 농번기 방학 때 일손이 모자라 아버지를 도와 일을 했습니다. 거머리를 방지하기 위하여 양발을 신고 모내기를 하면 방심한 틈을 타 거머리가 종아리에 달라붙어 왕창 피를 빨아먹고 배을 채우고 저절로 떨어지고 합니다. 아예 맨 종아리로 하면서 감시를 하느라 눈과 손이 바빴습니다.

겨울에 춥고 강치바람 불면 따뜻한 온돌방에 형제들과 모여 앉아 아버지의 어릴 적 체험담과 옛날이야기도 듣고 배우기도 합니다. 나의 할아버지는 훈장님이셨고 재산을 많이 남기시고 젊은 나이에 세상을 떠났습니다. 할머니의 재산 관리 소홀로 아버지는 일부 재산을 가지고 당숙집에 들어가 서당글을 공부하셨고 어머니와 결혼하셨습니다.

먼저 태어난 자식들은 홍역으로 잃었고 늦게 태어난 우리 오 형제는 무병으로 잘 성장하였습니다.

성지 순례에 갔을 때 갈릴리 바닷가에 무성히 핀 겨자나무꽃은 씨의 크기만 다를 뿐 노랑색 장다리꽃과 비슷했습니다. 겨자나무꽃 속에 묻혀 사진을 찍었던 그날 밤, 어버지 생각으로 가득 차 잠을 설쳤습니다.

아버지는 성실하시고 부지런과 순박한 진실한 농부로서 항상 말씀하셨습니다. "사회에서 꼭 필요한 인물이 되어라."고 교훈하셨습니다. 그래서 큰 욕심 없이 평온하게 살아왔습니다. 여행을 마치고 오면서 기내에서 나는 아버지 생각만 하였습니다.

# 백금선

한국방송통신대학교 국어국문학과 재학 중
월간 ≪국보문학≫ 등단 및 수필부분 신인상 수상
명동 에세이클럽 정회원
한국국보문인협회 회원
가톨릭 서울대교구 가영시아 행복한 수필쓰기 수학,
월간 ≪국보문학≫ 동인지 사랑이 흐르는 삶 제1호 작가상 수상(2019)
수필집 『사랑이 흐르는 삶』 (공저) 외 다수
『동문회보』 제9호

# 내 삶의 노래를 외 2편

백 금 선

목마름이 더해가는 대지 위에 단비가 내리고, 아카시아 향기 그윽한 오월의 단상은 거리마다 축제의 분위기이다. 가시넝쿨 헤치고 백만 송이 장미가 수줍은 듯 살며시 얼굴을 내밀고 있다. 만개한 이팝꽃은 바람을 타고 은발의 머리 휘날리며 꽃잎를 뿌릴 때, 산새들도 떼를 지어 소리 높여 합창을 한다. 나도 하늘을 나는 새처럼 내 삶의 노래를 부르고 싶어진다.

오월의 하늘을 향해 깊게 심호흡을 해본다. 코로나로 인해 마스크로 입을 봉쇄한 지가 삼 년이 지났나 보다. 마스크를 쓸 때면 좋은 점도 있었지만 불편한 것도 많았다. 목소리마저 동굴 속에 갇힌 듯 점점 노쇠되어버렸기 때문이다. 예전에는 노래가 있으면 흥도 있었고 기쁨도 한층 더 업그레이드되었는데 언제부터인지 목소리와 노래도 세월 따라 나이를 먹어 늙어 가는 것 같다. 누군가와 대화할 때면 목소리가 참 좋다고 칭찬도 들었었는데, 이젠 그런 목소리를 찾을 수가 없다. 때로는 마음 안에 노폐물처럼 쌓여 있는 삶의 스토리를 글로도 표현해보지만 사실 머리로 느끼는 흥겨움은 없다. 웃고 울리면서 마음에 위로를 줄 수 있는 것이 과연 무엇일까? 지난날 성당 성가대에서 우렁차게 하모니를 이룰 때가 엊그제 같은데 이젠 돌아 갈 수 없는 청춘시대가 그리울 뿐이다.

이렇게 목소리도 쓰지 않으면 늙는다는 것을 깨달아 갈 즈음, 마침 학교에서 동문들이 모여 시니어 합창단이 창단되었다고 했다. 기회는 이때이다 싶어 문을 두드렸다.

각자 학과가 다르고 모두가 낯 설은 모습이었으나 노래는 혼성 4부로 금방 하나가 되어 실버들의 합창이 화음을 이루기 시작했다. 예전의 꾀꼬리처럼 맑고 힘이 있었던 음정이나 박자도 세월 따라 어디론지 이탈해 버리고 마음은 있어도 힘찬 목소리가 나오지 않는다. 젊은 청춘은 옛날이 되어버리고 시니어라는 수식어가 붙었지만 그래도 할 수 있다는 것에 용기를 갖는다. 도전할 수 있는 힘과 용기, 그리고 내가 설 수 있는 자리가 있다는 것이 참으로 감사한 순간이다.

푸르른 자연도 나의 삶도 때로는 글이 되고 노래가 되어 꽃피는 봄날처럼 나를 즐겁게 해준다. 내 마음에 쌓여 있는 희로애락을 그대로 방치해두면 상처가 되고 병이 되어 올 때도 있었다. 행복했던 순간들은 기쁨과 웃음으로 꽃피워 내지만, 고단한 삶은 클수록 셀 수 없이 파도를 치며 그것들이 거치른 풍랑을 만들어 내기도 했다. 나의 모습에 가면을 씌우고 이리처럼 변화 시킬 때도 많았다. 그러나 이제는 삶도 달라져야 된다는 것을 나이를 먹으면서 실감나게 체득해 간다. '익은 벼가 고개를 숙이듯'이 나이를 먹을수록 겸손하고 중후하게 늙어가야 한다는 것을 내가 나에게 말하고 싶다. 며칠 전에 합창단에서 연습했던 '삶이 그대를 속일 지라도'는 하루에도 몇 번씩 흥얼거리며 나를 위로해주었다. 녹음해서 들어본 나의 이탈된 목소리는 나를 자극받게 했지만, 그러면서도 꼭 해야 한다고 말한다. 내 삶을 글로 쓰고 노래를 부를 수 있다는 것은 내가 있으므로 '청춘은 바로 지금부터'라며 힘차게 건배를 하고 싶어진다. 아무도 알아주지 않는 나의 삶이 글이 되어 콧노래를 부를 때, 바로 이것이 내 인생에서 얻은 가장 고귀한 보물인 것이다.

연습중에 '노래는 내게', '은발'이라는 노래를 부르면서 나의 삶을 반추시킬 수 있었다. 어쩌면 가사 하나 하나가 늙어 가는 나의 삶을 말해 주는 것 같아 가슴 한편이 먹먹하고 서늘 해져 옴을 느낀다. 이렇게 노래 가사 한 구절에서 위로를 받게 되고 또한 새로운 생동감도 찾게 된다. 헝클어진 실타래 같은 삶들을 글을 통해 풀어낼 때면, 작은 소확행*의 비상구를 찾아냈다는 것에 깊은 희열감을 느끼기도 한다. 노랫말처럼 '짜증을 내고 성화를 부린'들 해답은 찾지 못한다. 길가의 돌 틈 사이에 피어나는 작은 풀 한 포기에서 희망을 얻듯이 우리네 삶도 작고 보잘것없는 것에 희망이 싹트고 있는지 모르기 때문이다.

꼬부라진 할미꽃을 보면서 뿌리가 있으므로 내년에 다시 필 수 있다는 것에 희망이 차오른다. 비록 자생 자화하는 꽃이 내가 될 수는 없지만 작은 노랫말 속에 위안을받는다. 마음속에 보물처럼 숨겨진 나의 삶들을 오월의 단상 위에 아름답게 펼쳐지기를 마음 모아 염원해 보면서 말이다.

빗물이 촉촉하게 흙의 가슴을 파고드는 것처럼 오월의 동산은 산천초목이 싱그럽게 너울너울 춤을 춘다. 이렇듯 우리네 삶도 걸어가는 길목마다 초라하거나 시들지 않고 저녁노을처럼 아름다운 서정 속에 갈무리 된다면 참으로 좋겠다. 노랫말 속에 따뜻한 위로를 받으며 함께 공존하며 나눌 수 있는 여울목을 찾아서 말이다. 누군가와 함께 마음을 나눌 수 있는 길동무가 바로 지금, 이 순간, 이 자리이며, 삶에서 가장 값진 최고의 선물이라고 말하고 싶다. 그리고 할 수 있다는 자신감이 살아가는 이유이며 삶의 노래를 힘차게 부를 수 있도록 앞을 향해 지휘해 나가고 싶은 것이다.

* 소확행 : 소소하고 확실한 행복

# 뿌리 깊은 나무

앙상하게 옷을 벗은 나무들이 스스로 자연에 순응하며 새봄을 맞는다. 가지마다 통통하게 물이 올라 파릇파릇하다. 뿌리 깊은 나무는 생명의 탯줄을 따라 산고의 진통을 겪으며 마디마다 새싹이 파랗게 눈을 뜨고 있다

겨울 동안 창문틀 앞에 올려놓은 다육식물이 영하의 날씨에도 씩씩하게 살아있다. 겨우내 추위와 싸우면서 생명의 촉이 파랗게 얼굴을 내밀고 올라옴에 미안한 마음이 앞선다. 보기 좋은 식물들은 집안에 들여놓고 살아있어도 볼품이 없다는 핑계로 창틀에 놓아둔 것이다. 공간도 부족하고 관리하기도 귀찮아 스스로 자생하라고 버려둔 것이었다. 큼직한 화초들은 거실에서 식물원을 만들어 가족과 함께 동거하면서 말이다. 내버려 둔 다육식물은 동장군이 기승을 부려도 얼어 죽거나 시들지 않고 오히려 싱싱하게 성장을 하고 있다. 뿌리 없는 꽃다발은 향기도 없이 초라하게 시들어 버리지만, 뿌리가 있는 식물의 생명력은 강하다는 것을 느끼게 한다.

거친 비바람을 헤치고 자생하는 작은 식물들을 보면서 삶의 강인함을 배우게 된다. 인간처럼 욕심부리며 다투지 않고 스스로 옷을

벗으며 때가 되면 어김없이 살아난다는 것이 참으로 감동스럽다. 살아 있는 작은 식물에서 생명의 소중함을 가질 때마다 자연을 통해 공존의 삶을 살아가는 것을 체득하게 된다.

동절기에는 집안이 식물원이 된다. 함께 살아가는 식물을 보면서 싱싱함을 유지할 수 있는 것은 바로 뿌리에 있다는 것을 보게 된다. 시기에 맞추어 잎과 꽃을 피우기 위해 생명의 싹이 움터 오를 때면 깊은 모성애를 느낀다. 물기 없는 흙은 엄마의 가슴처럼 뿌리를 품에 안고 생명의 탯줄을 따라 꽃을 피워 무성한 잎이 되어 피어오른다. 작은 식물 안에서 변덕스러운 마음을 순환시켜 줄 때면 품위 있게 살아가는 삶의 가치를 발견하기도 한다. 둔탁한 공간을 맑은 공기로 정화하고 메마른 삶을 생명력이 넘치는 정서로 선물 받을 때도 많다. 가시넝쿨 속에서도 파란 싹이 돋아나 살며시 고개 내민 꽃봉오리는 향기 주머니를 안고 피어오른다. 2,000원에 사 온 스마트 필름은 5년을 함께 살아 중후하게 중년의 꽃을 피우고 있다. 어느새 가족이 되어 항상 그 자리에서 싱싱한 자태로 꽃을 보호하고 가족에게 산소를 공급해 주는 고마운 것들이다. 살아 있으므로 함께 산다는 것, 말을 하지 않아도 생동감 안에서 자태를 뽐내며 마음을 사로잡는다. 추운 겨울을 보내고 따뜻한 봄을 느낄 때면 식물들도 햇빛 가득한 창문을 향해 고개를 돌린다. 이럴 때마다 대화를 나누지 않아도 살아서 움직이는 생명력에 신비를 느끼게 한다. 때론 수분이 부족해 잎이 누렇게 변한 것을 볼 때면 나도 모르게 "미안해 목이 말랐구나"하면서 물을 줄때면 축 늘어진 잎들이 물방울을 털고 고개를 든다. 뿌리의 영양이 줄기마다 에너지가 축척되어 메말랐던 정서가 식물들의 움직임과 함께 행복한 정원을 가꾸어 가고 있다.

보잘것없는 작은 식물 하나에서 생명의 고귀함을 느끼며 깊은 의미를 갖게 한다.

쭈글쭈글한 다육식물이 보란 듯이 살아 있다고 눈맞춤을 해 온다. 하얀 눈 이불을 헤치고 노랗게 피어나는 복수초가 봄을 알릴 때마다 생명의 뿌리는 강하다는 것을 느낄 때가 많았다. 사람의 힘으로는 견디어 낼 수 없는 계절의 섭리를 자연은 어김없이 지켜 내고 있음에 찬사를 더 한다. 때가 되면 옷을 벗고 죽는 것과 내어 주는 것도 자연을 통해 배우기 때문이다. 심지 않아도 바람에 실려 온 노란 민들레가 꽃을 피우니 얼마나 경이로운가? 돌틈 사이에 피어나는 냉이꽃도 오가는 사람들에게 수없이 밟히고 뭉개져도 다시 고개를 들고 일어선다. 이렇듯 뿌리는 생명의 근원이 되어 날마다 자연과 인간 속에서 스스로 생명력을 키워나가는 본능적 자세를 보여 주고 있는 것이다. 자연은 인간과 공존해 살아갈 수 있도록 소리 없이 날갯짓하며, 연약한 다육식물의 뿌리가 내 삶을 서정적 평화 속으로 접목시켜 주고 있다.

자연은 건드리지 않아도 하늘과 흙만 있어도 스스로 뿌리내려 인간을 보호해온다. 인간 세상은 문명의 발달로 편하고 쉽게 살아가지만, 지구의 몸살은 생태계를 교란시키고 자연은 목마름을 더해간다. 이제는 식물도 다국적 식물의 이름표를 달고 있다. 집마다 둔탁한 공기를 정화시키고 향긋한 향기로 삶의 질을 변화시켜가면서 말이다. 집안에 향기는 내가 살아가는 삶을 대신한다고 했다. 이렇게 작은 다육식물의 성장 과정 속에서 뿌리는 생명을 이어주는 탯줄이라는 것을 다시 또 체득하게 된 것이다.

# 흐려진 기억의 창고

어제는 까만 밤과 함께 소리 없이 지나가 버리고 오늘은 변함없이 찾아와 눈을 뜨게 한다. 새벽이 빛을 한 아름 안고 창문을 환하게 비추어 올 때 선잠을 깨우며 새로운 하루의 여정을 품에 안아 본다.

삶이 남기고 간 흔적들은 희뿌연 안갯속에 서서히 지워져 간다. 시계의 초침처럼 어제의 발자국은 정처 없이 돌고 돌지만, 바쁘게 따라 가는 것은 마음뿐이고, 세월은 잠시도 멈추어 서지 않는다. 유년의 시절과 지나간 삶의 기억들은 눈을 감아도 가득하고 실타래처럼 술술 풀려나온다. 오래전에 저장된 가족들의 생일과 전화번호는 잊히지 않고 오래된 유행가 가사 또한 콧노래를 부르며 흥을 돋운다.

요즘에 들어 최근에 있었던 일들은 들음과 동시 흔적도 없이 어디로 도망쳐 버린다. 열심히 눈으로 보고 머리에 저장해도 수용의 한계가 있다는 것을 느끼게 한다. 하나둘 기록해 두지 않으면 내가 언제 그랬냐며 오리발을 내미는 실수가 연속적이다. 오히려 옛날의 기억만 생생하게 그려지니 어찌하면 좋을까?

늦게 시작한 공부 탓에 늘 책과 씨름하고 어려운 낱말과 문법을 채우려 하니 부족한 저장 공간은 늘 한도 초과를 알려온다. 바로 그것들은 건망증이 되어 나의 일상생활을 황당하게 종횡무진하며 활동하고 있는 것이다.

그러면서 이것이 인생을 파괴하는 무서운 치매로 이어지면 어찌할까 하고 노심초사한다. 세월이 약이라고 했는데 이제는 흐려진 기억을 붙들고 하루에도 몇 번씩 희극배우가 되어 쇼를 진행한다.

핸드폰으로 남편에게 전화하면서 전화기가 없어졌다고 쇼를 하고, 안경을 쓴 채로 찾느라고 온 집안을 뒤집으며 밥솥에 행주를 넣고 밥을 할 때도 있었다. 날마다 이어지는 쇼의 한마당을 그냥 쉽게 웃어넘길 것이 아니다.

부모님을 통해 이어받은 가족력인 DNA 유전자는 속일 수 없이 병원 기록지에 자리 잡고 있다. 갈수록 병명들은 늘어가고 의약품에 의존하면서 날마다 눈으로 보고 느낀 것을 기억 속에 꾹꾹 저장한다.

그렇지만 애써 저장했던 중요한 공부들은 어느새 지우개로 쓱 쓱 지워 버리고 기억의 창고는 텅 빈 채 언어장애인이 되어 문답을 알아내지 못해 냉가슴을 앓아야 한다. 어떤 방법으로 기억의 저장고를 확장 시켜야 할지 그 메모리 칩을 다시 찾고 싶다.

세월과 계절이 변화하듯이 나의 삶도 정신력도 점점 변화되어 간다. 과학의 발달로 인간의 두뇌도 인공지능화되어 감을 스스로 체감한다. 몸에 기능과 세포는 갈수록 약하고 무기력해져 감을 느끼기 때문이다. 눈에 보이는 현실과 머릿속에 내재하여 있는 생각이 모두

분리되어 갈 때 주섬주섬 실망만 머릿속에 가득 주워 담는다.

진한 더위가 강할수록 녹음은 더욱 무성하게 짙어간다. 이렇듯 나 역시도 세월 따라 무르익고 성숙하여 가지만 나에게 필요한 것이 무엇인지도 모른 채 무조건 마음만 앞서 달리고 늘어나는 것은 말뿐이니 어찌하면 좋을까?

말이라도 한몫을 찾으려 하지만 그것들은 잔소리로 통과되어 한숨만 허공을 향해 쏟아붓는다. 고통으로 배운 인생은 함부로 잊히지 않는다고 했다. 어제와 오늘, 행복했던 순간들과 자질구레한 일상의 삶은 저장 공간을 초월해 어느새 내 앞에 바람 빠진 빈 수레가 되어 삐거덕거리며 앞질러 가고 있기 때문이다.

그래서 사람은 때가 있는 것이고 나이에 따라 늙어 가는가 보다. "어느 날 아들이 물었다 엄마가 요즘 외할머니하고 똑같은 것 같아요"라고……. 그 순간 거울 속에 비추어진 나의 모습에서 어머니와 언니, 동생의 모습을 발견할 때가 많다.

이렇게 부모님의 유전자는 속일 수 없다는 자명한 사실을 실감 나게 깨닫는다.

그러나 어제의 시간은 어머니의 삶이었고 오늘은 내가 만나서 숨가쁘게 살아온 현실의 증거만 머릿속에 깊이 저장되어 가고 있음에 거부할 수 없는 일이다.

때로는 많은 것을 기억하지 않고 살아가고 싶을 때도 있었다. 아무 근심 걱정도 없이 모르는 상태가 행복하지 않냐고 질문을 해보지만 그래도 살아있어 도전하고 꿈을 이룰 수 있다는 것이 자신을 채울 수 있는 희망이고 기쁨인 것이다. 채워도 채워도 끝이 없는 삶의 공간들이 이제는 내 영혼의 공간까지 차지하려 하지만 세월 따라 희화화된 자신을 발견하면서 가슴에 꼭 안고 나를 쓰다듬는다. 비록 똑똑하지 못해도 '모든 것을 이겨내고 바보처럼 잘 살아왔다'고 말이다.

이제 남은 삶을 강하게 추월해 가는 것보다는 조금은 낮은 자세로 거북이처럼 속도를 낮춰서 천천히 가자. 걸어온 날들보다 앞으로 굳세게 걸어갈 날이 그리 많지 않은 시간이다. 하나둘 지워져 가는 흐려진 기억 속에서 귀하게 피어오르는 추억의 책장을 넘길 때마다 회환에 찬 미소를 지어본다. 새롭게 주어진 인생의 로드맵을 천천히 걸어가면서 내 생의 한 페이지가 소중하게 남겨지기를 바라는 마음이다.

어떻게 여기까지 왔는지 모르겠다. 가랑비에 옷이 젖듯이 땀방울로 얼룩진 삶의 길이 이제는 가물가물하기만 하다. 기억하면 무슨 소용 있겠는가. 묵은 것은 잊히기 마련이고 새롭게 주어진 것에 적응해 가는 것이다. 유산처럼 물려준 부모님의 유전자가 지금 내 안에서 살아 숨 쉬고 있음에 이것 또한 거울이 되어 나를 비추고 있는 것이다. 어린이는 잘 자라기 위해 성장통을 느끼는 것이고 어른은 모든 것을 내려놓고 비움으로써 어린이와 같은 천사가 되어야 된다는 것에 깊은 공감을 갖는다. 이제 젊은 날이 영원하지 않는 내 삶

앞에 굴곡진 주행선을 애써 이탈하거나 추월하지 않으련다. 흐려진 기억 속에 저장된 나의 길을 찾아 돌고 도는 인생길을 오늘도 정처 없이 찾아 나서련다.

# 김탁기

계간 ≪스토리문학≫ 등단
한국스토리문인협회 회원
문학공원 동인
자작나무수필 동인
금융사, 건설사를 거처 종교기관에 근무 중
시집 『못 배운 시』
수필집 『바우상상』
E-mail : tarkinet@hanmail.net

# 잊지 못할 복숭아 서리 외 2편

김 탁 기

중학교 1~2학년 여름방학 때쯤으로 생각된다. 우리는 동구에서 온종일 물놀이를 하거나, 바위를 건너뛰거나, 땅따먹기를 하며 놀고는 했다. 거의 아침에 나오면 시간 가는 줄 모르고 놀다가 배가 고프면 그때 집으로 들어가 대충 허겁지겁 먹고 다시 나오고는 한다. 동구는 우리 동네 어귀로 수백 년 된 느티나무와 집채만 한 바위와 넓지는 않지만, 암반 위로 흐르는 시내가 있는 곳이다. 여기는 우리뿐만 아니라 동네 사람들의 피서지이다. 여름이면 애들은 시내를 막아 물웅덩이를 만들어 물놀이하고, 어른들은 느티나무 밑 너럭바위 위에서 큰대자로 누워 점심 후의 오수를 즐긴다.

그날도 물장구를 치고 자맥질을 하며 시간 가는 줄 모르고 놀다가 지치기도 하고, 물놀이를 하다가 보니 춥기도 하여 냇가의 너럭바위에 올라 몸을 말리고 있었다. 그때에 아랫동네 어른이 와서 '어젯밤에 아랫마을 복숭아밭을 망친 사람들을 찾는다.'며 '찾아서 경찰서 감방에 가두겠다.'라고 으름장을 놓고 갔다. 아마 우리보다 몇 살 위의 형들이 서리를 한 모양이다.

그때 갑자기 한 친구가 제안했다.

"우리도 서리 한번 하자."

우리 또래 중에는 나이가 한 두어 살 많아 엉뚱한 짓을 가끔 하는 친구이다.

"야! 안 돼! 조금 전의 이야기 못 들었어? 잡아서 경찰서 감방에 처넣는다고 했어."

우리는 처음에 반대를 했다. 방금 혼을 내놓고 간 후이기도 하고, 사실 우리는 서리를 한 번도 해본 적이 없다. 그는 생각나는 곳이 있다고 했다.

"어젯밤 형들이 했던 곳과 반대편 산 너머 마을로 가면 돼."

"복숭아가 매우 굵고 맛있게 보였어. 주인은 할아버지라서 들켜도 빨리만 뛰면 잡힐 염려가 없어."

우리는 드디어 작전회의에 들어갔다. 전부 일곱 명으로 두 명은 선발대로 과수원에 먼저 도착하여 주인이 있는지 확인한다. 네 명은 본격 공격조로 선발대가 신호를 하면 함께 복숭아를 딴다. 나머지 한 명은 초병으로 멀리서 사람이 오는지 망을 보기로 했다.

"전부 상의를 벗어 달빛에 사람이 잘 보이지 않도록 하자."

"벗은 러닝셔츠는 아랫부분을 묶어 복숭아 담을 자루를 만들면 되겠다."

"잘 익은 것을 알 수가 없으니 그냥 굵은 것만 따자."

만일의 경우 들키면 절대 잡히지는 말고 각자 알아서 도망갔다가, 바로 오지 말고 한참 시간을 끈 다음에 처음 출발한 장소로 모이기로 했다. 나는 겁이 많다고 하여 길가에서 망을 보는 초병을 담당하게 되었다.

어느덧 하루해가 뉘엿뉘엿 넘어가고 있었다. 전부 집으로 가서 저녁을 먹고 다시 모이기로 했다. 가슴이 벌써부터 쾅쾅 뛰었다. 나는 저녁을 후닥닥 먹는 둥 마는 둥 하고 약속 장소로 갔다. 일곱 명이 다 모였다. 드디어 원정에 나섰다. 전부 상의를 벗었다. 반바지만 입었으니 거의 발가벗은 상태이다.

달도 희뿌옇게 적당히 밝았다. 처음에는 의기양양하게 각자의 흥분을 감추지 못했다. 산을 넘어서자 저 멀리 복숭아밭이 어슴푸레 보였다. 그때부터는 너나 할 것 없이 모두 숨을 죽였다. 우리는 허리를 숙이고 살금살금 가까이 가서 한참 동안 동정을 살폈다. 먼저 두 명의 선발대가 복숭아나무 밑으로 기어들어 갔다.

이어 "짝! 짝!" 약한 손바닥 신호가 왔다. 곧바로 공격조가 복숭아밭으로 기어들어 갔다.

나는 조금 떨어진 나무에 몸을 바짝 붙여 숨기고 망보기에 집중했다.

그리고 약간의 시간이 흘렀다.

"……."

그런데 어? 어! 저쪽 원두막 부근에 인기척이 느껴지고 움직임이 포착되었다. '아차!' 주인이 온 것이다. 나는 부랴부랴 "탁! 탁! 탁! 탁!" 손뼉을 있는 대로 크게 쳤다. 우리는 그냥 내 달렸다. 숲이고 도랑이고 논밭이고 가리지 않고 뛰었다. 누군가가 줄기차게 쫓아오는 것을 봤다. 할아버지라고 했는데 아닌 것 같다. 정신없이 달리다

보니 어디쯤에서 따돌리고 나 혼자만 뛰고 있다.

고개를 넘어 마을 가까이 왔다. 그때도 진정이 되지를 않고 가슴이 방망이질을 했다. 틀림없이 누군가가 쫓아오고 있었으니 이제 동네에서는 우리를 찾아다닐지도 모르겠다.

동네 입구에서 한참의 시간이 흘렀다. 살그머니 숨은 곳에서 나와 처음 약속한 곳으로 갔다.

"야! 어떻게 빠져나왔어? 그리고 어떻게 된 거야? 손뼉은 왜 쳤어?"

내가 제일 마지막 도착이다. 다 모여 있었다. 녀석들은 내가 잡혀간 줄 알고 있었다. 그래서 모면할 궁리를 하고 있는 중이었다.

나는 상황을 설명했다.

"너 네들이 올라가고 조금 후에 원두막이 보이는 곳에 주인이 나타났어. 약속대로 손뼉을 쳐서 신호를 보내고 나도 냅다 뛰었지. 그리고 동네 입구 소나무에 숨어 있다가 지금 왔지."

숨 가쁘게 설명을 했다. 가슴은 여전히 뛰고 있었다. 그때 처음에 서리를 하자고 했던 예의 그 친구가 말했다.

"그런데 확실히 봤어?"

그리고 보니 나도 확실치는 않다.

"글쎄 본 것 같다."

"무슨 그런 말이 있냐? 확실히 본 것은 아니야? 누구 다른 사람들은 주인을 봤어?"

한 친구가 그도 보았다고 했다. 그 친구가 뛰자 주인도 멀리서 악

착같이 쫓아왔는데 어디서 따돌렸다고 한다. 그때에 한 친구가 말했다.

"나는 원두막 옆에서 급하게 오줌을 누고 있었는데, 다른 사람들이 뛰는 것을 보고 누다 말고 냅다 뛰었지."

"뭐? 원두막 옆에서……?"

그렇다면? 이야기가 달라진다. 친구가 원두막 부근에서 오줌을 누었다면 내가 주인으로 오인했다는 얘기가 된다. 한 놈이 뛰니 모두가 서로를 주인이 쫓아오는 줄 알고 혼비백산하여 함께 뛴 것이다.

얼 띠기는……!

상황이 이해가 갔다.

"그러니 하지 말자고 했잖아."

나만 못난 놈이 되는 것 같아 위기를 면하려 역으로 쳤다. 맥이 쭉 빠졌다. 그제야 반바지만 입은 몸에 나뭇가지와 수풀에 스친 상처가 칼에 베인 듯이 아프고 따가웠다. 몇 놈이 저쪽 숲속에서 러닝셔츠로 만든 자루를 찾아왔다. 그 와중에도 이미 서리한 복숭아를 버리지 않고 둘러매고 뛴 놈이 있었던 것이다.

"나무 밑에 숨겨두고 그냥 가자. 그리고 내일 만나자."

우리는 아직 그것을 먹을 만큼 진정되지를 않았다. 집에 가서도 나는 아무 소리도 하지 않았다. 풀숲에 스친 상체와 종아리가 쓰리고 아팠지만 아무런 표시도 내지 못하고 그냥 잤다. 이튿날, 혹시 주인이 찾아올까 봐 가슴이 조마조마했다. 하지만 그날 저녁에는 별일 없었다는 듯이 다시 동구에 모였다. 냇가에 앉아 무용담을 풀어

놓으며 복숭아를 마구잡이로 베어 물었다. 맛은 달콤했다. 한 녀석이 말했다.

"내년에 또 하자."

"그래."

"그래."

나도 대답은 했지만, 자신은 없다. 사실 그 짜릿한 스릴은 있지만 내심 두 번 할 것은 못 된다는 다짐을 하고 있었다. 이 한 번의 서리는 두고두고 내 일생의 무용담이 되었다.

# 인생이라 부르는 그 향기

아카시아 향기가 온통 코끝을 스치는 싱그러운 계절이다. 사람에게도 향기가 나야 한다. 어떤 사람에게서는 항상 향기가 난다. 꾸미지 않은 부드러운 표정에 엷은 미소로 차분하게 나누는 말씨에서 인품을 느낄 수가 있다. 물론 허물없는 대화를 나눌 때에는 막말을 하기도 하지만 전혀 거부감이 없고 대화가 끝난 후에도 기분 좋은 여운이 남는다. 그래서 깊은 인품의 향기를 더해준다. 사람에게서는 이런 향기가 나야 한다. 결코 인공의 향수 냄새가 아닌 고운 심성을 바탕으로 깊은 지성에서 나오는 인품의 향기 말이다.

향기에는 종류가 있다. 우선 자연에서의 향기이다. 내가 좋아하는 향기에는 숲의 향기를 들 수 있다. 숲속에 들어서면 코끝을 스치는 시원하면서도 달콤한 향기를 느낄 수가 있다. 특히 소나무 과의 침엽수림에서 느끼는 진한 피톤치드의 향기는 심신을 안정시키고 정신을 맑게 한다. 또한 이 피톤치드는 살균효과도 있다. 우리 강산 지천에 침엽수림이 있지만 내 경험으로는 춘양목으로 유명한 봉화의 홍송 숲길이 으뜸이다. 이곳이야말로 진정한 솔향기를 맡을 수가 있다.

태백산 깊은 산 속의 수백 년 수령의 홍송 숲을 들어서면 가슴이 시원해지고 두뇌가 맑아지며 점차 코끝을 스치는 솔향기를 느끼게 된다. 덧붙여 홍송에 대한 목재로서의 역사적 쓰임새까지를 새기노라면 더욱 깊은 향기에 취하게 된다. 그리고 오대산의 전나무 숲길, 장성의 편백나무 숲, 서울 남산의 소나무 숲, 근교 남한산성의 소나무 숲 등의 군락지가 순간적으로 생각난다. 소나무 숲엘 들어서면 어디선가의 익숙한 내음이 마음을 진정시키고 기분을 좋게 한다.

반면 봄날의 라일락 향기도 좋다. 향기가 강하기는 하지만 코끝을 스치며 춤추듯이 날아오는 자줏빛 내음은, 어디인가에 숨겨두었던 잊지 못한 추억 같은 것으로 진한 전율을 느끼게 한다. 문득 좋은 계절에 좋은 사람들과 테라스에서 호프라도 한잔하며 가벼운 대화를 나누고 싶기도 하고 멀리 여행이라도 떠나고 싶어진다. 계절적인 희망이 솟아나는 것이다. 라일락을 시작으로 아카시아, 장미꽃, 밤꽃 등 본격적으로 꽃과 숲의 향기 향연이 시작된다. 숲은 기지개를 마음껏 켜며 연록에서 초록으로 짙어지고 우리들의 마음도 깊어져 가슴에 푸른 기운이 출렁이게 된다.

여름에는 비릿한 바다 냄새가 좋다. 항구에서 활발하게 움직이는 사람들에게서 강인한 활력을 느끼고, 철석이며 몰려오는 파도에서 힘찬 젊음을 느끼며 많은 추억들을 만든다.

이 시간 어느 바닷가 모래밭에 앉아 철썩이는 파도 소리를 듣던 저녁 시간이 각별하게 생각난다. 바람에 묻어오는 바다 냄새가 달콤하기까지 하였고 파도에 구르는 조약돌 소리, 그 소리도 참 좋았다.

그리고 가을의 낙엽 타는 냄새도 좋다. 마른 낙엽을 긁어모아 태우노라면 그 구수한 내음이 마치 커피 향 같다. 마음이 풍요로워지며 안정이 된다. 지나간 날의 아련한 추억이 되살아나는 냄새이다.

그러고 보니 추억의 냄새로는 나만의 독특한 내음이 있다. 봄날의 보리 들판에서 날아오는 그 특유의 가벼운 분뇨 냄새이다. 많은 사람은 싫어하겠지만 나는 여기서 추억과 향수를 느낀다. 어쩌면 푸근함을 느끼기도 한다.

나는 어린 시절 보리밭 부근으로 시오리 초등학교에 다녔다. 언제이던가, 지금으로부터 오래되지 않은 화창한 봄날, 보리밭이 펼쳐지는 들판을 차창을 열고 팔을 뻗치며 달리던 추억도 있다.

내가 싫어하는 냄새로는 가공의 냄새를 별로 좋아하지 않는다. 우선 담배 냄새이다. 한때 담배를 피우기도 했었지만, 언제부터인가는 극히 싫어졌다. 가까이에서 피우는 냄새도 싫지만, 가로에서 지나치는 사람에게서 나는 담배 냄새도 역할 때가 있다. 요즘은 흡연 장소가 따로 정해져 있어서 그나마 다행이다.

그러고 보니 사람의 간사함이 냄새를 맡음에도 있나 보다. 또한 화장품의 향수 냄새를 좋아하지 않는다. 정말 거부감을 느끼게 하는 향수도 있다. 향수의 기원은 무척 오래된 것 같다. 알고 있는 바와 같이 수천 년 전의 성경에서도 나오고 중국 역사 이야기에도 나온다. 물론 우리 역사적 기록에도 있을 것이다.

지금도 그렇지만 향수는 오래전부터 선물로도 많이 쓰인다. 향수 냄새가 지난날에는 그렇게 심하지 않았던 것 같은데 사람들의 마음이 강해져서인지 후각이 둔해져서인지 나날이 강해지는 것 같다. 그것도 강한 향수가 대체로 더 고급이며 비싸다고 하니 이해하고 싶지 않다.

대체로 냄새에 민감한 탓도 있겠지만 사람들이 모인 곳에 가보면 구별이 안 될 때가 있다. 이곳에서 맡은 냄새가 저쪽에서 또 맡게 된다. 사람의 구분이 없어져 버린 것이다.

이 사람, 저 사람이 같은 향수를 쓰니 이 사람이 저 사람 같고 저 사람이 이 사람이 되어 버린 것이다.

사람의 간사하고 가공스러움이 보이는 것도 같다. 그래서 나는 될 수 있는 한 로션도 냄새가 나는 것은 사용하지 않는다. 사람에게서는 향수가 아니라 고유한 인품의 향기가 나야한다. 그리고 그 삶은 향기로워야 한다. 말끔한 모습을 하고는 있으나 말과 행동이 거칠고 앞뒤가 다른 이기적인 사람들이 있다. 그들은 언제나 난체하며 마치 자신만이 최고인 양 떠벌리고는 한다. 당연히 삶은 무질서하다. 이런 사람들을 만나면 대화는 어색하다. 자리가 편치 못하고 그만 일어서고 싶어진다. 그들의 주변에는 사람이 없다. 반면에 조금은 투박하더라도 말과 행동이 소박하고 진실된 온화한 사람들이 있다. 이들은 만족할 줄 알고 베풀 줄 알며 포용할 줄 안다.

자신을 사랑하며 매사에 여유가 있고 얼굴에 웃음이 만면하다. 대화는 따뜻하고 부드러우며 서로 주고받는 재미가 있다. 오랫동안 대화를 하여도 지루하지 않고 다시 만나고 싶다. 자신의 삶을 사랑하고 긍지를 가지고 있다. 이들의 삶은 우아하며 아름답다.

이런 사람들에게서는 아름다운 삶과 고매한 인품에서 나오는 향기가 있다. 깨끗한 외모에 수반하여 온화한 표정에 깊은 지성이 동반된 사람들, 삶이 아름답고 유쾌한 사람들과 대화를 나누다 보면 자신도 그 깊은 품격 속으로 잠겨 드는 것을 느낄 수 있다. 사람에게서는 인품의 향기가 나야 하고 인생은 향기로워야 한다.

# 엄마의 외출

그제, 아내가 강원도 어느 곳으로 단체 모임이 있어 갔다. 며칠 걸릴 거란다. 이 기간은 아내로서는 상당히 긴 시간일 것이다. 그동안은 가족들의 식사, 애들 학교 등등으로 집을 며칠씩 비우는 시간은 거의 없다. 며칠 전에 단체 행사가 있어 가야 하는데 어떻게 하느냐고 물어 왔다. 집을 며칠씩 떠난다는 것에 익숙하지 않아서 일 거다. 물론 당일 모임이나 시골집에 다니러 가기는 하였으나 계속하여 며칠을 비운다는 것은 결정이 쉽지 않은 모양이다. 이제는 기꺼이 다녀오라고 했다. 그리고 단체 행사이든 여행이든 집을 떠난 후에는 깡그리 집은 잊고 그 시간에 몰두하라고 했다.

아내 없는 아침, 아침부터 약간의 신경전이 시작되었다. 이른 새벽으로 한참 꿈같은 시간에 일어나 애들을 깨워야 했으며, 애들은 깨울 때에는 늦장을 부리더니 겨우 늦게 일어나 '왜 제때 깨우지 않았느냐'고 도리어 신경질을 부리는 통에 영 심사가 틀린다. 그러나 어느 집이나 건드려서는 안 된다는 고등학생이니 지각을 시킬 수는 없고 할 수 없이 차를 태워 학교까지 데려다준 다음 다시 들어와 옷을 갈아입고 출근을 하였다.

오늘도 마찬가지다. 모닝콜이 몇 번인가 울렸지만, 깜박 잊고 무심코 누워있다가 갑자기 생각이 나서 후다닥 일어났다. 부랴부랴 애들을 깨우고, 대충 아침 밥상을 훑어보고, 내 화장실 다녀오고, 역시 분주하다! 그 와중에도 아이들은 일어난다는 대답만 하고 일어나지는 않는다. 오히려 큰 녀석은 어제 숙제 때문에 늦게 잠들었다며 '알아서 할 테니 가만히 좀 두란다.' 알아서 한다는 말은 애들이 귀찮을 때 습관적으로 쓰는 말이다. 이때는 간섭이나 잔소리 좀 하지 말라는 뜻이니 평화를 위하여 모르는 체 버려두는 것이 좋다. 에라! 나도 소파에서라도 조금 더 잠이나 보충해야겠다.

식탁은 어제 새벽에 아내가 차려놓은 밥상이 랩도 벗기지 않은 채 그대로 있다. 메모장에는 틀림없이 국은 1차로 끓였으니 데워먹고, 어느 반찬은 어디에 있으니 어떻게 하고, 등등이 상세하게 쓰여 있을 것이다. 이것은 아내가 집을 비울 때마다 매번 있는 일이다. 늘 반찬을 만들어 놓고, 끓여 놓고, 차려 놓고 가지만, 나나 애들은 그것을 먹어본 적이 별로 없다. 그래도 아내는 못들은 체 늘 준비하고는 한다. 오늘도 늦게 일어난 애들은 그냥 눈만 비비고 밥 먹으라는 말은 대충 듣는 둥 마는 둥 그냥 학교로 내 달린다.

아내는 매일 아침을 이렇게 지냈을 것이다. 나는 애들 깨우는 소리에 '좀 조용히 하라'고잔 소리를 하고. 이에 아내는 살그머니 일어나 조용조용히 아침을 준비하여 작은 아이부터 깨워 밥을 좀 먹이려 한다. 하지만 먹을 리가 없다. 하는 수없이 빵과 우유를 한 손에 챙겨 들고 차로 학교로 데려다주고 돌아온다. 물론 그 빵도 그냥 되가지고 올 때가 훨씬 많을 것이다. 학교가 집으로부터 좀 멀다. 나름 막내라 순한 만큼 느린 면도 있다.

그 다음에 나를 깨운 후, 큰 애를 깨운다. 다행히 큰애는 그래도 맏이고 대학생이라 짜증은 간혹 부려도 크게 신경 쓸 정도는 아니다.

애들은 늘 엄마가 없으면 궁금하다. 낮에도 괜히 엄마 연락 왔었느냐고 전화를 하거나 저녁에는 아침과는 달리 조금 일찍 들어와 식사를 준비하는 척 어슬렁거리기도 한다.

나도 저녁에 조금 일찍 퇴근했다. 그런데 빈집이다. 퇴근 시에 집이 빈다는 것은 나에게도 익숙하지 않다. 사위는 조용하고 할 일도 별로 없다. TV는 원래 잘 안 보고 신문은 사무실에서 보기 싫도록 봤다. 바람이 몹시 불어 빗소리와 함께 복도에는 나뭇잎 구르는 소리가 요란스럽다. 아내는 지금쯤 하루 일과를 정리하고 있을 것이다. 내용을 잘 알지는 못하지만 늘 이 시간 쯤이면 마무리를 할 시간이다.

오랜만에 조용한 시간이라 책을 좀 보려다가 낮에 컴퓨터를 많이 봐서 그런지 눈이 몹시 아파 소파에 가만히 앉아 있었다. 이제 나도 눈이 많이 피로해짐을 느낀다. 언제부터인가 아내는 종합검진을 다시 받으라고 성화지만 바쁘지도 않은 생활인데도 어떻게 그것은 쉽게 되지를 않는다. 따진다면 종합검진은 아내가 먼저 받아야 할 것이다. 나는 그래도 직장 생활에 정기 건강검진 등의 기회가 있다.

마침 아내에게서 메시지가 날아왔다. 낮에 잠시 통화를 했었지만, 반복하여 주변 분위기가 너무 좋단다. 주변의 자연풍경도, 모임 장소의 시설도, 같은 생각을 가진 사람들끼리의 만남도, 정말 좋으며, 그 시간 거기 있을 수 있음에 정말 감사한단다. 그 모습이 눈에 훤하다. 몇 년에 겨우 한번이나 있는 정도, 집을 벗어나 잠시 마음을 내려놓을 수 있는 그런 시간이 정말 좋은 모양이다. 아마 아이들처럼 해 맑은 표정일 것이다.

그런데도 결국에는 덧붙여 밥, 간식, 아이들 학교, 등등을 또 챙긴다. 어쩔 수 없는 천성이다. 아내는 전형적인 옛 우리들의 어머니 같은 사람이다. 자신을 내세울 줄도 자신을 위해 투자할 줄도 모른다. 언제나 아이들이 최고이고 가족이 먼저다.

여느 어머니들처럼 교육에 관심은 많지만 치맛바람 날리는 방법은 싫어한다. 지나치게 학원을 찾아 이곳저곳 다니지도 않는다. 조용히 뒤에서 보살펴 주고 늘 아이들을 위하여 기도하고는 한다.

나의 직장 수입이 많지 않아도 불평도 할 줄 모르고 거기에 맞추어 산다. 언제나 좀 조용하고 여유 있는 시간, 하고 싶은 일도 마음대로 할 수 있는 시간이 오려는지.

그리고 보니 오늘 아침은 내가 또 늦었다. 바쁘다. 지금부터 옷 입고 현관을 쫓아나가 차에 시동을 걸기까지는 5~10분이 소요 될 것이다. 직장 생활 이십 수년 동안 늘 일어나서 세수하고 대충 식사하고 시동 걸어 올림픽대로에 들어서는 데까지 소요시간은 15분정

도이다. 모두들 무슨 군사 작전하느냐고 한다.

흔히들 하는 이야기지만, 잠시만 집을 비워도 아내가 없는 자리는 금방 크게 표가 난다. 나는 바쁘더라도, 또 다정한 말은 못 해주더라도, 이번 잠깐의 여행이지만 모든 것을 잊고 홀가분하고 즐거운 여행이 되었으면 한다. 내일 모래면 돌아오겠지만 말이다.

사실 이 이야기는 몇 년 전의 일이다. 요즘의 젊은 엄마들은 어떨까 하는 궁금함을 가지며 다시 되돌아보니 그 시간들이 참 새록새록하다.

# 이 종 필

2022년 ≪스토리문학≫ 수필 등단
1952년생, 성균관대 경영학사
한국스토리문인협회 회원
자작나무수필 동인
현대자동차(주) 근무 퇴직
국제그룹 국제종합건설 중동본부 및 싱가폴, 쿠알라룸프 지사장 역임
두양그룹 영흥철강(주), 베네쥬엘라 카라카스 지사장 역임
현재 (주)피앤애치글로지스 대표이사
수필집 『카르페디엠의 시간』

# 노년에 새기는 우정 외 2편

이 종 필

우리 같이 노년의 세대가 되면, 젊어서 느껴보지 못한 또다른 여러 가지 감성들로 하루하루를 보냅니다. 사회 주류세력에서 벗어났다는 소외감으로 인한 불안과 쓸쓸함들이 혼자 있는 시간 속에 더 깊이 밀려오곤 하지요. 더구나 몸은 점점 퇴화되고 정신도 자신감을 잃어가다 보면, 조그마한 일에도 걱정이 앞서고 마음의 안정을 유지하기가 쉽지 않습니다.

부부간에 별거 아니었던 일에도 둘이 붙어 있는 시간이 지속되면, 괜한 투정과 신경질적인 반응으로 잊혀졌던 과거사까지 들먹이며 서로의 신세 한탄이, 엉뚱하고 예기치 않은 말싸움으로 번지곤 합니다. 자신의 숨이 멈추는 마지막 날을 지켜줄 유일한 임자가 누구인지도 모르는 듯, 그럭저럭 살아왔던 부부도 가끔씩 이상기류에 눈시울을 붉히곤 합니다.

갈 곳 없는 심신은 친구의 존재가 더없이 그립고 귀중하게 다가옵니다. 젊은 시절, 사회생활을 하면서 쌓아놓았던 인연들도 세월이 갈수록 희미해지고 줄어드는 나이가 되면 남아 있는 인연은 그래도 학창시절, 청춘의 스토리가 묻어나는 친구가 그립고, 오랜만에 만나도 스스럼없이 라떼의 대화를 정겹게 나누며, 죽마고우의 우정을 오랫만에 느껴보는 행복한 시간이 되기도 합니다.

한편, 혼자 보내는 시간을 나름 유용하고 즐겁게 보내는 친구도 많습니다. 사회 봉사활동, 종교생활, 여행, 독서나 글쓰기, 하고 싶었던 사진, 음악, 그림, 운동 같은 취미생활 등의 전원생활로 평소보다 더 바쁘게 사는 노년의 모습들도 보기 좋습니다. 자기만의 편견과 습관에 젖은 고집센 동료들과 마주하느니, 차라리 스스럼없는 가족과 느긋한 재미들을 찾는 노년의 여유도, 노년의 삶을 단순화시키고 오히려 자신만의 특성을 찾아 즐기는 기쁨 중 하나가 되기도 합니다.

좋은 친구를 뜻하는 사자성어들에는 막역지우, 관포지교, 금란지교 등이 많이 회자됩니다. 허물없이 마음이 통하는 사이, 시쳇말로 찐친이라고도 하지요. 하지만, 사자성어가 유래된 당시의 사회, 주변환경은 지금의 사회 상황과는 비교할 수 없는 차이가 있기에 친구에 대한, 정의나 의미도 다를 수밖에 없습니다. 교통과 서신교환이 힘든 상황에서 정치나 학문적 교류 이외의, 친분 관계를 쌓기는 쉽지 않기에 서로의 신뢰와 우정이 오히려, 더 그립고 간절한시대가 아니었나 상상을 해봅니다.

제주도로 유배간 추사 김정희에게 제자 이상적이 중국 서적들을 보내준 마음에, 감사의 뜻으로 그려준 수묵화 세한도에 새겨진 인장 "장무상망(오랜세월이 흘러도 서로 잊지 말자)"이 동서고금의 시공을 넘어 깊은 우정의 참뜻으로 남아 있습니다. 유배지의 겨울 삭풍이 몰아치는 역경의 시간 속에서, 읽고 싶었던 귀한 책을 제자로부터 받아든 추사의 눈물어린 심정은 오히려, 푸른 소나무의 의지와 희망으로 승화되고 있습니다. 보다 중요한 것은 서로에게 도움이 되는 친구관계를 잘 유지하려는 서로의 노력과 능력이 우정의 출발선이라 여겨집니다.

첫째는 사사로운 마음을 가능한 갖지 않으려는 태도가 필요해 보입니다. 열린 마음과 같은 의미로 나와 다른 상대방을 인정하지 않고는 친구가 되기는 어렵습니다. 선입견, 보이지 않는 질투, 편견된 주장, 우월감 등, 이러한 사고의 틀이 대인관계의 방해요소가 됩니다. 이성에 앞서 감성이 지배하는 인간 심리이기에 이를 극복하기는 쉽지 않은, 우리 모두의 인생과제이기도 합니다.

나이 들면, 돈도 학력도 얼굴도 친구 사이에서는 모두 덧없는 것들이라 여기는 그 의미도, 살아온 세월에서 느끼는 허무, 바로 사심없는 마음으로 다가가는 심정인 듯싶습니다. 500여 년전 조선시대 퇴계 이황과 후학 고봉 기대승이 성리학 이기이원론을 놓고, 나이를 떠나 서로 논쟁을 하면서도 상대의 논리를 존중하기에 이조 성리학을 더욱 발전시킨 일화는 열린 마음의 사례입니다.

키케로의 『우정론』에는 이런 구절도 있습니다. "여러분은 양을 몇 마리 가지고 있느냐고 물으면 곧바로 대답할 수 있을 것이다. 그런데 친구가 몇이나 있느냐 물으면 곧바로 대답하는 사람이 없다." 로마 시대에도 마음의 보석인 친구를 중요하게 생각한 것 같습니다.

둘째는, 같은 시대를 살아가며 우리 모두는 유한자적 인생을 사는 동료로서, 인간적 연민의 마음을 갖고 서로를 바라보며, 정을 나눌 수 있을 때 친구의 우정은 깊어집니다. 세월의 강물이 흘러간 백발의 머리, 주름진 얼굴, 피할 수 없이 가까워지는 죽음 앞에서 느끼는, 측은지심과 같은 동병상련의 마음으로, 우리가 겪는 고통과 슬픔을 위로 할 때, 우정은 더 가까이 다가옵니다. 무엇보다 서로 만날 수 있을 때, 기쁜 마음으로 즐거운 시간을 보낼 수 있는 건강을 지키는 노력 또한, 값진 우정을 나누는 길임을 되새기며, 오랜 인연들을 사랑하는 하루하루가 되길 빌어 봅니다.

# 혼돈의 시대, 무엇이 옳은가

우리가 사회적 동물로 일생을 사는 한, 매일 부딪치는 의문 중 하나다. 하지만, 옳은 것이 무엇인지 이해하고 실천하지 못하는 사람들이 나를 비롯해 이토록 많은 이유는 도대체 뭘까? 현재, 우리 생명체, 호모사피엔스 역사가 몇십만 년이나 흐른 문명사회라고 하지만, 아직도 우리는 무엇이 옳고 그른지에 대한 의견 충돌로 불확실한 공포와 혼돈의 세계에 살아가고 있다. 평화라는 고결한 가치를 우리 모두 희망하지만, 지구상에서 전쟁은 여전히 상존하고 있다.

『RIGHT / WRONG(무엇이 옳은가?)』의 저자 후안 엔리케스는 급변하는 기술 발전 시대로 인해, 윤리의 변화도 빠르게 변화하고 있으므로 우리는 미래의 사회적, 정치적, 경제적 구조에 대해 좀 더 깊은 성찰이 필요하다고 강조한다.

우리 시대의 정치 현상을 들여다보면, 더욱 옳고 그름에 대한 논쟁은 치열하다. 예전보다, 사회구조가 다변화됨에 따라, 이해관계도 복잡해지며, 인간은 자신을 보호하려는 방어적 본능이 점차 강해지고 있다는 인식을 지울 수 없다. 경쟁이 치열해질수록, 자신은 주변의 다른 무지한 군중과 달라서 옳음과 그름을 분별한다는 자기 신념으로 무장하고, 사람들은 편을 가르고 안전하다고 느끼는 쪽에 줄을 선다. 자기편을 보호하는 바리케이트를 치고 자기들이 가진 믿음, 자신들이 하는 말의 신뢰성은 이미 입증되었다고 선언한다. 그리고 자신들을 민주화 세력, 혈기왕성한 보수주의자, 인권변호사, #미투 등과 같은 라벨로 존칭한다. 바로 확증편향에 자신을 몰입시키다 보니 타인의 목소리는 닫게 되고 분노에 찬 자신의 큰소리만 외쳐댄다.

극단적으로 양극화되고 스스로 확실하다고 여기는 시대에 우리에게 필요한 것은 보다 겸손한 태도와 덜 비난하는 자세, 그리고 후손들이 지금, 우리 행위를 놓고 야만적으로 여기리란 사실에 대한 깨달음이 아닌가 한다.

후안 엔리케스는 이 시대의 여러 가지 사례들을 나열하며, 기술 발전과 여권 신장, 자본주의의 폐해, SNS, 4차 혁명시대에 따른 윤리의 변화를 얘기한다.

여성의 피임과 이혼에 대한 의식의 변화도 흥미롭다. 출산 여부와 임신 시기를 조절할 수 있는 의료 기술이 20세기 중반 이후 발전하며, 임신에 대한 윤리 원칙도 변화되었다. 최근, 미국사회를 뒤흔든 대법원의 낙태권 인정을 부결한 판례는 조금은 이례적 사례로 보인다. 여성들의 경제권 신장, 이혼, 유아 출생수의 급감 등, 섹스, 젠더, 생식 윤리는 점점 복잡한 변화를 요구하고 있다.

자본주의 시대, 기술은 소득 불평등과 관련된 규칙을 점점 바꾸어 놓고 있다. 기술의 영향력은 전세계를 향해 열려 있기 때문에 과거

어떤 폭군보다 효과적으로 부를 창출한다. 2017년 한 해 동안 세계 경제는 3% 성장한 데 반하여, 500대 억망 장자들의 소득은 24% 늘었다. 26명의 재산을 합친 금액이 세계인구 절반의 재산을 합친 것과 같다는 게 대체 말이 되는 소리인가!

인공지능, 자동화, 로봇, 세계화 등이 노동시장을 새롭게 구축하고 일에 대한 정체성이 중요해짐에 따라 윤리적 공유에 대한 질문을 후세가 들여다보면, 오늘의 자본주의는 매우 냉혹한 경제이념으로 비난받을 지도 모른다고 한다.

우리가 과거의 노예 역사를 보면, 노예를 수입, 수출하는 재산으로 인정하던 시대를 윤리적으로 어떻게 정의할 수 있을까? "종 여러분, 그리스도께 순종하듯 두렵고 떨리는 순수한 마음으로 현세의 주인에게 순종하십시오." 아베소서 6장 5절, 종교의 교리도 시대의 변화에 따라 변하고 있다. 로마가 매년 40만명 이상의 노예를 수입하던 시기에, 위대한 철학자들 중, 노예 해방자는 과연 얼마나 있었을까? 노예제도가 점차 폐지되는 과정에는 영국의 산업혁명이 있었고, 미국도 북부의 산업화로 남부보다 먼저 노예제도를 금지했다는 가설은 설득력이 있다.

몇몇 전문가들은 2040년이 되면, 육류의 60% 이상은 동물을 도축해서 만드는 것이 아닐 거라 추정한다. 식물로 육고기를 대체하는 합성버거나 스테이크는 이미 우리 식탁에도 선보이고 있다. 10억 마리 돼지, 14억 마리 소, 200억 마리 닭을 키우고 도살하기 위해 전세계 1년치 농업 수확물 중 절반을 동물 먹이로 소비한다는 사실이

10년 후 도살, 축산 할아버지를 둔 아이가 신 앞에서 "잔인했던 제 할아버지……."라는 독백을 상상해보자.

"무엇이 옳은가?"라는 물음에서 옳음과 그름을 정의하기란 쉽지 않은 주제이기도 하다. 특히, 조직 구성원의 이해 문제가 얽힌 정치, 경제, 사회 문제를 해결하는 과정에서 모두를 만족시키는 지점을 찾기는 거의 불가능에 가깝다. 따라서 어쩔 수 없이 법에 준하는 기준이나, 다수결 원칙을 내세우기도 한다. 하지만, 정치적 목적으로 편향된 이념으로 무장한 집단들의 다수결 횡포는 오히려 민주주의 원리를 위협하는 무기로 수없이 행사된다.

히틀러 나치 정권도 국민 대다수의 지지 없이는 2차대전의 참혹한 역사는 불가능했다. 그 당시에도 독일 민족에게 인류공통이 추구하는 윤리는 작동하고 있었는가? 윤리가 예전보다 진화하고 최첨단 과학이 발전하는 문명의 시대라는 21세기에도, 인간은 첨단 무기를 들고 전쟁을 벌이고 있고 핵탄두 몇 개면 지구가 날아가는 세상을 아직도 좌시하고 있다.

전쟁을 멈추겠다는 윤리의 결핍은 우리 모두를 죽일 수도 있다. 과학과 기술이 인간의 더 나은 삶을 설계하고 생명을 연장한들, 기술이 만든 온갖 지구 오염 물질들로 인한 기후 변화가 지금도 인간을 위협하고 있으며, 핵보유국가들 간에 핵무기 자체를 제거한다는 선언은 불가능해 보이는 세계질서 속에서 과연, 무엇이 옳은가를 논할 가치가 있는지조차, 의아스럽다. 저자는 인간의 성숙된 윤리로 지혜를 모아, 지구상의 문제를 극복해야 한다고 하지만, 오늘의 현실을 돌아보면, 한 개인의 독자로서 회의감을 지울 수 없음을 저자에게 고백하고 싶기도 하다.

마지막으로 최근 몇 년 동안, 국내 정치, 경제, 사회, 안보 등에서 야기 된 여러 문제들을 해결하기 위한 옳고 그름의 잣대를 국가와 국민의 미래를 위해서 얼만큼 서로 발전시켜 왔는지 스스로 자문해보고 싶은 오늘이다. 상호 이해와 협력보다는 자신들만의 이익을 위한, 집단 편향주의로 분열과 분노의 장이 된, 매스미디어의 존재 가치도 이제는 식상을 넘어 외면하고 싶고, 익명을 무기로 상대를 비난 욕설하는 SNS 문화는 표현의 자유를 빙자로 언론의 역할인 공정성을 훼손하고 인간의 기본적 도덕성마저 타락시키는 행위를 우리는 매일 묵인하고 있다.

『무엇이 옳은가』와 유사한 책, 조슈아 그린의 저서 『MORAL TRIBES(옳고 그름)』에서 강조하는 인간의 기본적 도덕성도 우리 사회 지도층에서조차 찾아볼 수 없는 사회가 되다 보니, 우리는 무엇이 옳고 그른지에 대한 사회적 합의에 도달할 가능성은, 멀어지고 있다는 생각이 짙어진다.

나 대 우리의 문제(공유지의 비극)도 해결되지 못하는 상황에서 우리 대 그들의 문제(상식적 도덕의 비극)의 해결은 더 요원해 보인다. 하지만, 우리는 미래가 있는 공동체이기에, 지금과 같은 분열과 갈등의 혼란스러운 세상을 극복하려는 보다 고차원의 도덕과 윤리의식이 집단은 물론 개인에게도 더 깊은 시대임을 인지하고, 의지를 강화하는 범지구적 노력이 절실하다.

한편, 인류문화가 아무리 발전하고 도덕적 발전이 있다고 해도 전쟁은 지속되고 인간들간의 경쟁은 갈수록 치열해지는 근본 원인을 변하지 않는 인간의 DNA에서 찾을 수 있다는 어느 뇌공학자의 주장을 얼마 전 접하며, 매우 신선하고 흥미로운 발상으로 기억된다.

인류가 지금과 같은 호모사피엔스로 발전하기에는 몇십만 년 동안, 오랜 수렵 채집 생활을 해오면서 겪은 부족 간 전쟁으로 인한 원시적 투쟁성, 그리고 자연을 극복해나가는 험난한 과정에서 쌓여진 동물적 공격성이, 인간의 뇌와 신체의 DNA로 진화되었다는 가설을 조금 수긍한다면, 오히려 오늘의 문제를 교육과 문화를 통해서 인간의 잔인성을 줄이며 도덕성을 회복하고, 동시에 뇌와 관련한 현대의학으로 호전적 인성을 유전자로 변화시키는 기술, 그리고 그에 따른 윤리적 문제에 대한 논의도 어느 정도 가능성은 없는지, 개인적 상상력을 잠시 발동해본다.

# 부모님 산소를 다녀오며

초봄이 지나며, 연둣빛 신록이 절정을 이루는 5월 초, 포천 예래원에 잠들어 계신 부모님 산소를 찾아본다. 죽은 자를 만나러 가는 시간은 잠시 과거로의 시간 여행을 하며 자신의 현재와 미래의 삶을 생각해보는 기회가 되기도 한다.

비석에 새겨진 수많은 죽은 사람들의 이름과 생의 시간, 가족이라는 인연으로 얽혀진 사람들의 이름들, 그리고 죽은 자의 스토리와 넋을 기리는 애틋한 애정이 담겨진 대답 없는 사랑의 묘비명들. 알 수 없는 수많은 비석들을 무심히 지나치지만, 그 하나하나의 비석마다 얼마나 많은 사연과 시간이 잠겨 있을까? 생각하면 고개가 숙여진다.

나의 묘비명에 한마디 남기고 싶은 귀절이 있다면 무엇이라고 쓸까? "우주 속 지구라는 아름다운 행성에서 한생명과 함께 같이 했던 귀한 인연들에 감사와 그리움을 안고 잠들다." 산자 추억이 담긴 영혼이, 영원히 잠든 영혼과 마주하며, 과거를 그리워하는 무언의 영겁시간 속으로 흐를 뿐이다.

부모님이 잠들어 계신 묘앞에 서면 많은 생각보다는 "아! 나는 아직 살아서 여기 서 있구나, 하지만 나도 조만간 나의 의지와 무관하게 여기 틀림없이 오겠구나."하며, 부모님 계신 무덤과 하늘을 잠시 한번 쳐다본다. 메멘토 모리가 스쳐 지나가는 순간이다. 모든 살아 있는 것들에 대한 감사와 사랑, 겸손의 시간이다.

이제 70줄에 들어선 종심의 나이가 되어도 "인생이 무엇이며, 우리들의 삶은 과연 어떤 것인가? What is on earth our life?" 오래전부터 우문 같은 속마음을 화두처럼 마음에 담고 살지만, 시간이 흘러도 허공을 향한 메아리 없는 독백으로 늘 남는다. 우리 삶이 과연 무엇이라고 정의될 수 있었다면, 그 많은 종교와 철학자도 존재하지 않았고, 그 많은 문학과 예술도 존재할 가치가 있었을까? 그리고 현재를 사는 우리도, 삶이 쉽게 정의된다면 인간의 긴 역사뿐만이 아니라, 나라는 존재의 가치도 고귀하게 여겨질 근거가 상실되고 인생은 무미건조한 크로노스의 시간 속에 오히려 절망의 무게만 커지는 삶이 될 것이다.

우리 모두는 고유한 내 이름 석 자처럼 내 삶을 내 스스로 꾸려가며 생을 혼자 마감해야 하는 그런 운명의 존재들이다. 이를 증명하듯이 동서고금 어느 호모사피엔스의 묘비명에도, 인간의 삶을 'how'는 얘기하지만, 'what'을 말해주는 위인은 찾아볼 수 없다. 참으로 다행이고 '신은 그래서 위대하다'는 진실의 위로를 받는다. 그리고 미약한 한 생명체로서, 신이 더욱 가깝게 느껴지며 위대하신 무엇이라고 말하고 싶은 또 하나의 진리는, 인간을 유한자적 존재로 지구라는 아름다운 별에서 세대를 이어가며 살도록 창조해주신 우주적

섭리다.

집으로 돌아오는 길, 푸르러지는 산자락에는 연분홍 철쭉과 붉은 영산홍, 라일락 향기가 5월의 파란 하늘까지 밀어 올리는 봄날이 지나가고 있다. 지나가는 것들에는 생명이 있고, 생명이 있는 곳에는 자연의 순환을 따라 오늘의 기쁨과 내일의 희망이 싹튼다. 하얗게 부서지는 봄이 더 찬란할수록 허망해지는 봄날은, 무심한 산하를 따라 계절의 여왕, 5월 속으로 흐르고 있다. 청춘의 뒤안길도 그렇게 흘러갔듯이.

# 윤선혜

1953년 전남 함평 출생,
2023년 《스토리문학》 수필부분 등단
한국스토리문인협회 회원
자작나무수필 동인
2002년 최유라 이종환의 지금은 라디오시대 주간 베스트 사연 선정
E-mail : yoonni53@gmail.com

# 서리 외 2편

윤 선 혜

지금은 느껴보지 못할 옛날 공기 좋고 인심 좋았던 시절의 추억 서리. 그 시절엔 식수 물도 귀했다. 부모님한테는 물 한 동이 길러 온다는 핑계로 양동이를 들고 집을 나왔다. 친구들하고 삼삼오오 짝을 지어 깔깔거리며 더듬더듬 어둠을 헤치고 우물가를 찾아 들었다. 물줄기가 솟아 물이 고이며 뒤웅박으로 물을 퍼 담을 요량으로 많이 고이기를 기다렸다. 그동안 어디 가서 무엇을 할까 엉뚱한 생각을 하고 말았다. 친구들 중 하나가 자기 작은 집에서 굿을 한댄다. 그러니 그 떡 몰래 갖다 먹자고 한다. "그래, 그러자." 여기저기서 쌍수 들고 환영을 한다. 가만가만히 숨소리조차 죽이면서 살금살금 기어갔다. 어두 컴컴한 마당이었다. 베틀에서 짜내린 베짯지로(하얀 천) 마루에서 칫간(화장실)까지 쭈욱 뻗어 늘어놓았다. 마루 위에 한쪽 끝부분인 베짯지 위에 떡시루가 올려져 있다. 시간을 기다리는지 무당과 식구들이 방문을 열어 젖혀놓고 빙 둘러앉아 밥을 먹는다. 배짱 좋은 친구 몇이 쥐죽은 소리도 나지 않게 허리 구부리고 엉금엉금 기어간다. 사자가 먹잇감 노리는 흉내를 내는 것 같다. 한 친구가 가만히 토방에 올라앉아 마루에 놓아둔 떡시루를 들어 입고 있는 치마 앞자락에 덜퍽 쏟아 놓고 빈 시루만 가만히 그 자리에 올려 놓는다. 떡 담겨진 치맛자락 요리조리 모아 움켜쥐고 조심 거리며 나오려 한다. 잠자는 호랑이 코털 밟을세라 조심 또 조심거리며 숨을 죽이고 동구 밖으로 나왔다. 줄행랑을 쳐 우물가로 갔다. '킬킬 깔깔.' 웃어 젖히며 졸였던 가슴을 폈다. 뉘 손인지 모르게 바쁘게 움직여 너 한 입 나 한입 떡은 금세 사라지고 말았다.

밤새 놀고 밤이 깊어 으슥해지니 한 친구의 집에 가 잠을 청한다. 잠자리가 바뀌어서 그런지 사연이 있어 굿이라도 하려고 해놓은 떡을 모르게 훔쳐 먹어서인지 깊은 잠이 오지 않아 몸을 뒤척이다 눈을 떠 봤다. 달 밝은 창가에 웬 그림자 무당이 와서 "니들이 떡 가져갔지! 내 떡 내놔라. 내 떡 내놔라" 하는 것 같다. '아이고 엄마 이를 어찌해 떡은 먹어버리고 없는데. 엄마 나 좀 살려줘.' 속으로 외쳤다. 그림자가 움직이면서 어서 내 떡 내놓으라고 한다. 소스라치게 놀라 벌떡 일어나 아무 옷이나 갖다가 눈을 가렸다. 얼굴을 감싸며 웅크린 채 울면서 후회하며 땀만 줄줄 흘렀다. 날이 밝아 살펴보니 뜰에 서 있는 나무 그림자였다. 여름이라 산들바람도 불었던 것 같다. '휴우….' 깊은 한숨과 함께 온몸이 스르르 맥이 풀려버린다. 입에 넣어도 목에 넘어가는 줄 모르게 맛있었던 떡. 팥 고명을 머리에 잔뜩 이고 있는 맛있는 시루떡이었는데 그러나 벌 받았다. 다음날 마을 전체가 "아무리 그런다고 굿하는 떡을 가져가. 귀신이라도 붙으면 어찌하려고" 수군수군 웅성거린다. 친구가 가만히 전해준다. 아침에 작은 어메가 오서가꼬 "성님 어젯밤에 우리 집 굿하려고 해놓은 떡을 도둑 맞아버렸서라우.” 하신다. 지기 엄마가 하시는 말씀. “머시 어째. 미쳤구먼. 환장했어” 노발대발. 친구를 가리키면서 “니기들이 했냐. 그러니까 밤에 놀러 다니지 말란 말이다.” 친구가 하는 말 “놀러 안 갔어. 작은 방에서 친구들하고 노는데 머시마들 소리가 나던데 그 애들한테 물어봐.” 대답하였다.

작은어메 “아이고 그놈들이 했는갑네.” 거기까지 듣고 얼렁뚱땅 집을 나와부렀단다.

(그 시절 오라버니님들 죄송합니다.)

“이제는 집에서 조용히 놀자.” 말을 했다. “뭐 재미있는데.” 냉장고가 없는 시절이라 먹고 남은 음식 시원하게 보관하느라 장독 위에 올려놓으니 훔치기엔 식은 죽 먹기였다. 그럼 그렇지. 저녁 먹기가 바쁘게 하나둘 모여든다. 주동자도 없다. 무작정 무엇이 그리 좋은지 히히힛 킬킬 도착한 곳은 포도밭이었다. 몇 명은 주인한테 돈을 계산하는 척한다. 그리고 몇 명은 샛길 찾아 포도밭으로 숨어들었다. “오메 좋은거. 아따 포도 봐라. 맛있다.” 입으로 직행하는지 키득거린다. “응 정말 그러네.” 말하다 사레들렸는지 한쪽에선 컥컥 힘들어한다. 죽어라 농사지어 놓은 주인의 사정은 봐주지 않는 것 같았다. 아이고 몰래몰래 따러 온 주제들이 너무 시끄럽다.

주머니에 가득 채워 숨어 나왔다. 주인이 돈만큼 주셨다. 아무 일 없는 것처럼 받아 들고 인사 남기고 시원한 마을 동각으로 왔다. 각자 내어 모아보니 많았다. 저녁내 혀뿌리 아프도록 먹었다. 다음날 주인 아재가(아저씨) 피익 웃으시면서 “니들 너무 한 것 아니냐.” 말씀하신다. 그 순간만큼은 고개를 숙인 채 다시 하지 말자고 다짐한다.

개가 똥을 참을까 무시무종이라 나는 시작에 처음은 모른다. 다음에 어린 후배 동생들도 이런 즐거움을 찾겠지. 끝도 모르겠다. 참 즐거웠던 시절 공기 맑고 인심 좋은 그때가 좋았던 것 같다. 지금 같으면 여러 죄의 쇠사슬에 묶여 큰 집에서 콩밥 먹을 것이다. 애틋했던 그 시절이 아련히 떠오른다. 니것 내것 따지지 않고 주는 이가 있어 인심 좋은 세상. 받는 이가 있어 행복했던 세상. 말로는 형용할 수 없는 그 시절 그때를 저 푸른 하늘 뭉게구름 속에 고이 숨겨 다독다독 어루만진다.

# 감나무

한 번쯤 한 번쯤 가봐야겠다. 언제부터 생각해와도 얼른 가기가 어려웠다. 그리운 엄마가 아니 계시는 곳이니까. 생각날까 봐 두려운 마음일까. 좀체 떨어지지 않는 발걸음을 옮겨 가보았다. 보고 싶은 동생도 있었고 눈에 익숙한 뜰이었건만 왠지 휑하였다. 단지 뜰 한쪽에 묵묵히 서 있는 감나무 빨갛게 익은 감 탱탱한 과육으로 피부를 단장한 채 주렁주렁 탐스럽게 달려있었다. 울 어머니 계시면 좋겠다. 저 감 좋아하실 텐데 가슴이 저려온다. 아련히 옛 기억도 떠오른다. 벌레 먹어 떨어진 풋감 주워 된장 찍어 먹는 게 우리들의 유일한 간식거리 중 하나였는데, 나는 풋감 주워 아무도 모르는 곳에 숨겨두었다. 때가 되면 찾아가서 만져보고 또 만지며 말랑말랑하면은 우리 엄마 갖다 드렸다. 치아가 없으신 울 엄만 달다 맛있다 하시면서 오물오물 맛있게 드시는 모습이 나는 그리 좋았다. 그래서 매일 감 주워 모으는 게 즐거운 일과가 되어버렸다.

그런데 풋감 갖고 사촌 언니와 대판 싸움이 벌어졌다. 작은 숙부님께서 사정이 생겨 우리 집 사랑채에서 기거하시게 되어 나보다 18

일 먼저 세상 구경을 한 사촌 언니랑 함께 살게 되었다. 풋감으로 둘이 사이에 전쟁이 자주 일어났다. 한번은 들에 가셨다 집에 오시던 어머님께서 말려 주셨다. 우는 동생은 엄마가 안으시고 나를 한쪽에 세워두고 화를 버럭 내셨다. "풋감 그게 무어라고 싸우냐 그래서 애기 업고 그렇게 두들겨 맞냐. 원 속이 상해서……. 등에 업은 애는 엉덩이에 걸쳐 있으면서 애 얼굴은 햇볕에 딸기 빛이 되어 울고 있는데 동생을 어떻게 하지도 못하고 밑에 깔려 두들겨 맞느냐." 고 하셨다. 그 꼴을 볼 때 엄마 속은 무지하게 상하셨다고 했다. 애들 싸움이 어른 싸움으로 번질까 봐 참으신다고. 감 그것 줍지 말라고 하셨다. 그래도 난 사촌 언니가 자는 틈을 타 밤에 감나무 밑으로 가야 했다. 사촌 언니는 체구가 건장하고 나는 빈약하다 못해 삐쩍 마른 말라깽이였다. 그러니 낮에는 엄두가 나지 않고 밤을 노려야 했다. 더듬더듬 감이면 좋아라 주워들고 더듬더듬 돌멩이면 던져버리고 또 더듬더듬 개똥을 덥석. "아이코 엄마야." 악취가 풍겼다. 샘가로 달려가 손 껍질 벗어져라. 씻고 또 씻고 속이 메스꺼워 몇 번을 씻었다.

엄마는 꾸중하셔놓고 마음이 많이 아프셨나 보다. 그 후 장날에 나에게 꽃고무신을 사주셨다. 검정 타이어 고무신만 신던 시절 푸른 하늘 닿을 만큼 뛸 듯이 기뻤다. 너무 좋아 친구들에게 자랑하며 으스댔다. 낮엔 동생하고 놀아주고 밤에 친구들하고 물 길러가는 친구 따라 샘에 갔다. 모여앉아 내가 신어보고 네가 신어보고 돌아가면서 신어보다가 물 길으러 오시는 어르신이 있어 인사하려 벌떡들 일어서다가 그만 누군가의 손에서 꽃고무신 한 짝이 '풍덩.' 샘 속으로 빠져버렸다. "몰라. 난 몰라." 발을 동동 구르며 울고 싶었다. 엄마 얼굴이 떠올랐다. 어떻게 해야 하나. 말씀드리면 화를 내실 텐데. 밤새 잠 한숨 못 이루고 아침 일찍 눈곱도 떼지지 않은 눈을 비비며 샘으로 달려갔다. 꽃고무신은 물속에 고운 자태로 단정히 앉아. 왔느냐고 인사하는 것 같았다. 어떻게 건져야 하나 애가 탔다. 샘가에 넙죽 배를 깔고 발은 꼿꼿이 세우고 손을 뻗어 잡아보려 해도 손가락 끝만 물에 닿을까 말까 불가능한 일이다. 하지만 손가락 가운뎃손가락을 최대한 뻗쳐보니 잔물결만 일고 그 물결 따라 무정한 꽃고무신은 히죽히죽 웃으며 '날 잡아봐라. 니가 날 잡아?' 무서운 암시도 주는 것 같았다. 엄마한테 꾸중을 들을까 봐 자초지종 이야기 못 드리고 엄마 바쁘시니까 모르실 거야. 엄마 몰래 신발 없이 살아야 했다. 친구들 따라 산과 들로 놀러 가며 돌부리에 발가락이 차이고 발바닥은 땅 가시에 찔리면서 살아야 했던 시절 고행의 나날이었는데, 이제와서 돌아보니 티 없이 견주는 것 없이 조금만 있어도 서로 나누어 먹으면 깔깔거렸던 그 시절 내 친구들 지금쯤 어느 하늘 아래 살고 있는지, 그립다. 귓가에 맴돌고 눈에 선해 삼삼하다. 그 시절 그때로 다시 한 번쯤 돌아가 볼 수 있다면…. 히히. 입가에 웃음을 흘리면서 향수에 젖다 보니 시간이 꽤 흘러가 버렸다.

안녕. 그냥 돌아서기가 아쉬워 다시 한번 감나무를 쳐다본다. 감나무야. 너의 그 탐스러운 열매 울 엄마 계시면 대접받을 텐데 이제는 어떡하니. 한때는 호랑이도 놀라게 했다는 곶감도 손대면 툭 터져 달콤한 향내를 가득 담고 과육을 들어낼 것 같은 홍시도 서구화로 인해 뒷전으로 숨어 들어가니. 안타까운 시대를 너는 아는지. 내년에도 후년에도 주렁주렁 빨갛게 익어 탐스럽게 고운 자태로 뽐을 내면서 대자연 속을 아름답게 풍경화 한 폭 그려주려무나.

# 너도 나도 미쳤다

게으름을 피워 결과가 좋지 않으니 허영심에 병이 났다. 개미와 베짱이 이솝이야기처럼 어느 한 인간이 그늘에서 시원하게 한여름 보냈다. 가을이 다가와 남들이 거두어들이는 결실을 보니 허영 병이 들어 자신을 자제 못 하고 미쳐버렸다. 밤낮으로 소리 지르며 나돌아다닌다. 집집마다 귀신 든 인간이 올까 두려워 저녁밥을 일찍 해 먹고 대문 걸어 잠그고 방문들도 걸어 잠그며 불을 끄고 조용히 또 조용히 쥐죽은 듯이 밤을 보낸다. 그러면 이 인간은 담을 넘어가 난을 일으키는가 하면 지붕에도 올라가 소리소리 질러댔다. 사람들은 무서워서 벌벌 떨며 미친 인간한테 피해당할까 봐 아무 소리 못 하는 실정이다.

그런데 우리는 쓰러져가는 초가삼간 집이라 걸어 잠글 대문도 없다. 방문조차 삐딱하니 자기 마음대로 깽판 친다. 낮에는 잠자고 밤만 되면은 쫓아와서 시아버지 함자도 지한테는 당숙부인데 지 맘대로 불러댄다. “아무게, 이놈아. 저놈아.” 고래고래 소릴 질러도 시아버지도 무서운지 아무 말 한마디 없이 꿈쩍 않으신다. 만만하니 밤이면 밤마다 찾아들어 소릴 질러대다 지치면 “니 연놈들은 자고 있냐?" 방문을 확 열어젖힌다. 그러면 서방인지 남방인지도 무서운가 벌떡 일어나기만 하지 말 한마디 대꾸 안 한다. 그러니 나만 잡고 거머리 같은 짓을 질리게도 한다. "이년아 저년아 니만 해서 똑 따 먹고 밥 한술 안 주냐"고 한다.

나한테는 어떻게 하라고 저는 복이 있어 부잣집 막둥이 아들로 금수저 물고 태어났지만 나는 복이 없어 속아서 시집와 거짓 속에서 목구멍이 포도청이라 한끼 두끼 삼시 정사 해결에 어찌할 줄 몰라 쩔쩔매고 있는데 기가 막힌다. 밤마다 무섭고 두려움에 떨다가 가짜 시어메 노릇을 톡톡히 하는 시외숙모를 찾아갔다. 슬며시 동이 틀려고 하는 새벽일까 미친 인간 피해 가면 찾아가니 서울에서 온 딸하고 잠을 자다 놀라 일어나서인지 아니면 당연히 당해라 내 속이 후련하다. 마음속으로 외치는지 한마디 말도 없이 물끄러미 바라만 본다.

왠지 분위기가 미묘해 일어서서 나왔다. 더듬더듬 온 길을 되돌아오다 보니 내 자신이 한없이 처량해 한 걸음 한걸음에 하염없이 눈물이 볼을 타고 흐르고 또 흘러내려 뿌려진다. 친정엄마한테는 가슴 아프실까 봐 말씀 못 드렸다. 벙어리 냉가슴 앓듯 혼자만이 흐르는 눈물 주체할 수 없어 손등으로 주먹으로 눈을 부비듯 닦아 내었다. 마음과 생각이 잘못이지 몸이 무슨 잘못이라고 화풀이를 자기 자신에게 한다. 이 불쌍한 인생아. 왜 바보같이 값싼 동정 베풀었냐고…….

선보는 데마다 퇴짜 맞았다는 게 다 이유가 있었던 것 같다. 인생

가는 길은 남녀노소 없는 길이라고 불쌍하다고 안됐다고 동정 베풀었다. 갓 어린애도 꽁보리밥 먹이면서 애를 써가며 도리 지켜냈다. 아버님만은 밥상에 갈치 토막 조기 올려 하얀 쌀밥 차려드렸다. 공들이 탑이 무너진다. 당신이 어른이라고 온갖 유세는 다 부리시더니 시아버지도 방어 안 해준다. 웬수 같은 서방은 무슨 말만 하면 꽥! 소리 지르며 나만 두들겨 맞을 게 뻔하다. 그 언젠가 혼잣말처럼 "저건 귀신든 것이 아니야. 내가 보기엔 허영병 같애." 살살 쥐소리도 안 나게 어디를 향해서 하는지 하소연했다. 어떻게 들었을까. 귀가 당나귀 귀일까. 벌떡 일어나더니 귀신이 붙어서 그러는 것을 나한테 어쩌라고 그러냐며 고래고래 저 배꼽 밑에 힘까지 끌어올려 하는지 큰소리로 소리 지른다. 저게 사람일까. 짐승만도 못한 인간이다. 이 집 남정네들은 큰 애가 있든 갓난쟁이가 있든 팽개쳐두고 자기들만 따라다니며 일을 도와주어야만 좋다는 거였다. 근데 무슨 일인지 모르지만 집에서 혼자 잠깐 일을 했다.

낮인데 엿보고 있었을까. 미친 인간이 쫓아와서 "지집(여편네)하고 전답은 임자가 따로 없는 거다"라며 협박을 하면서 쫓는다. 쫓겨다니다 집을 몇 바퀴 돌았을까. '아! 약한 자여 그대는 여자인가.' 정말 잡힐 것 같아 방안으로 숨어들었다. 그랬더니 부엌으로 달려가 가마솥 뚜껑을 쭈욱 끄집어 여는 것 같아 쇳소리가 난다. 미친 인간이 하는 말 "이년이 밥 한술도 안 남겨 놨네" 하면서 꽝! 놔 버리는가 가마솥 위아래로 부딪히는 소리가 요란스럽다. 까딱 잘못하면 내가 궁지로 몰릴 것 같았다. 그래서 걸어 잠그었던 문고리를 따고 문을 열어젖혔다. “나 여기 있다. 이 인간아.” 하며 소리쳤다. 그랬더니 부엌에서 나와 방으로 들어왔다. 방에 주저앉는다. “그래. 여편네하고 전답은 임자고 따로 없다고야. 나 여기 있으니 어디 니 마음대로 해봐라.” 면전에 대고 다그쳤다. 얼마를 싸웠을까. 지 스스로 물러나 가버린다. 그런데 이 웬수 같은 서방이 미친 인간이 집안에서 소란스러우니까 숨어있다가 미친 인간 사라지고 나니까 곧바로 왔는지 들어와 마루에 앉는다. 와…, 폭발했다. 이 말 저 말 시동생이 했던 말까지……. 시아버지는 작은아들만 아들이고 큰아들은 주워다 키운 자식 취급하셨다. 쇼펜하우어의 말을 빌리면 성격은 아버지로부터 전해 받고 지능은 모친으로부터 물려받는다고 한다. 부전자전. 유전이란 무섭다. 시동생이 저한테 주제도 모르는 년이 주제 파악도 못 한다고 얼마나 있는 말 없는 말 해댔으면 듣는이 귀에도 설게 들렸을까. 너무 했다는 것이다. 동네 아짐(아주머니)들이 오셔서 전해주셨다. “자네는 안 됐네. 꾹 참고 살아. 애들을 보면서. 불쌍해서 어쩌나.”하며 걱정하신다. 가슴 속에서 그 무언가가 꿈틀댄다. 나는 나름대로 최선을 다해주었는데. 무상이로구나. 내비둬라. 자업자득이라 하지 않는가. 언젠가는 뿌린 대로 거두어들이겠지. 퍼부어댔다. 무서웠나. 결혼할 때 속이고 또 속인 사기꾼 보따리가 온 동네 퍼뜨려질까 봐 정신이 났나. 어른들하고 상의해서 날뛸까 봐 두 손 뒤로 묶어 그날 밤으로 요양원에 들여보냈다. 진즉 좀 그래 주지. 늦가을부터 초여름까지 장장 다섯. 여섯 달을 밤낮으로 무서움에 떨고 두려움 떨고 불안 속에서 한 번도 편한 날 없이 힘들게 보냈는데 이제야……. 사람은 사람다운 사람을 만나야 행복하다더니 그 말이 맞다. 소중한 것은 내 인생. 행복은 눈으로 찾는 것이 아니라 마음으로 얻는 것인데 나는 어쩌다 잘못 생각했을까. 이제 와서 후회하면 무얼 할까. 과거는 허공 속으로 사라져버린 걸. 붙잡기라도 할 듯 잠시 필을 놓고 먼 하늘을 주시하다 문득 떠오르는 기억. 어린 손녀의 재롱을 떠 올리고 귀여움에 나도 모르게 웃었다. 마음 한구석 봄 눈 녹듯 흐뭇해지던 그때를 더듬어 본다.

가벼운 마음으로 부엌에 들어갔다. 아궁이에 장작을 넣어 불을 지피니 며늘애가 들어와 자기가 하겠단다. 활활 타고 있으니 별일 할 것 없어 "그래라."하고 밖으로 나가 일에 정신 팔렸는데 어디선가 "아이고, 엄마야." 놀란 소리가 들려온다. 얼른 고개를 들어 소리 난 쪽을 보니 부엌이었다. 부리나케 달려가 보니 아궁이 앞에 있어야 할 며늘애가 없다. "어쩐 일이야. 어쩐 일이여" 어리둥절 돌아보니 며늘애는 저만치 구석 치에 눈을 동그랗게 뜨고 털썩 주저앉아 있었다. "먼일이냐." 놀란 나머지 손가락으로 뒤뜰을 가리킨다. 내다보니 고양이 한 마리가 장독 위에 웅크리고 앉아 있다. 그도 놀랐는지 호통치며 사람이 다가가도 도망가지 않고 눈만 동그랗게 뜨고 멀뚱멀뚱 바라만 본다. 천천히 살펴보니 얼굴에 수염과 털이 다 타버리고 없다. "불쌍도 하지 이 미친 고양이야. 그렇게도 갈 데가 없어 하필이면 구들장 밑에 들어가 있었더냐." 나무라고 했다. 부엌에 와 자세히 보니 아궁이 있는 곳은 아수라장이다. 며늘애는 얼마나 놀랐을까. 활활 타오르는 불꽃만 보며 사색에 잠겨있다가 불 속에서 까만 물체가 튀어나오니 가슴이 철렁했겠지. 몸에 이상이라도 생기면 어쩔까 걱정이었다. 시간이 지나고 날이 가도 무슨 소리 들리지 않는 게 다행이었다.

짐승도 사람도 온전한 정신들이 없는가 보다. 정신일도하사불성. 노력해야 한다. 치매가 무서우니 죽도록 노력하면 새벽안개 걷히고 떠오르는 밝은 햇살과 같이 가슴 펴고 웃는 날이 찾아올 것이다.

# 양연준

2008년 ≪스토리문학≫ 등단
(주)와이케이커머스 대표
한국스토리문인협회 회원
자작나무수필 동인
국제라이온스 354-C지구 회장, 지대위원장 역임
동국대학교 경영대학원 56대 총학생회장 역임
사단법인 강원벤처포럼 회장 역임
대한바이애슬론연맹 선거관리위원장 역임
산자부 산하 '한국산업기술진흥원' CEO 특강 강사

# 자동차 소년

양 연 준

1997년 초, 사업 아이템을 찾으려고 일본에 간 적이 있었다. 그때 사업 아이템은 찾지 못했지만 특별한 것을 하나 발견했다. 도시를 누비는 차량들 중에 세련되고 고급스러운 승합차들이 대단히 많이 보였고, 종류도 다양했다. 차 안의 사람은 운전자 혼자이거나 또는 동승자 1~2명인 것을 보니 승합 목적의 차량은 아닌 것 같았다. 지인에게 물어보니 이 차량들은 개인 자가용으로 평소에는 출퇴근용으로 휴일이나 휴가 때는 가족들과 레저용으로 사용을 하고 있고, 이미 수년 전부터 일반 승용차에서 이런 차량으로 바뀌어가는 추세라고 한다. 이 차량들은 나에게 아주 매력적으로 보였다. 당시 나는 가족(아내, 중학생 딸, 초등학생 아들)들과 자주 캠핑을 다녔는데 이런 차가 하나 있으면 좋겠다는 생각을 했다.

귀국하니 뜻밖에 반가운 소식이 들렸다. 국내에도 이런 차가 곧 출시가 된다고 한다. 그 차는 현대자동차에서 생산한 '스타렉스'였다. 팜플렛을 입수해서 살펴보니 내가 일본에서 본 차와 흡사했다. 기존의 승합차들은 보닛이 없고 핸들은 버스처럼 눕혀져 있는데 스

타렉스는 보닛이 앞에 있고 핸들도 눕혀져 있지 않고 세워져 있다. 이외 기존 승합차보다 짧은 차체, 고급스러운 내, 외부 디자인 등 승용 감각을 지닌 새로운 스타일과 패키징이었고, 국내에 처음으로 등장하는 고급 RV(Recreational Vehicle) 차량이었다.

나는 기존에 타던 승용차는 그대로 두고 레저 목적으로 이 차를 또 구입을 했다. 이 차는 1997년 3월부터 판매를 했는데 주문이 많이 밀려 한 달 만에 차를 받았다.

차를 받은 후 차 지붕에 캐리어도 달고 여러 가지 옵션을 장착하면서 레저용 차량으로 전격 튜닝을 했고 가족과 즐겁게 레저용으로 이용을 했다.

참고로 다음 해인 1998년에는 기아자동차에서 경쟁 모델로 '카니발'을 출시했다. 이때부터 두 차량이 양분하면서 고급 RV 차량 시대가 열렸고, 그레이스, 봉고, 이스타나 등 기존의 승합차들은 모두 단종이 되었다.

나는 가끔 출퇴근에도 이 차를 이용했었다. 스타렉스를 운행한 지 두 달쯤 되던 어느 날이었다. 늦은 퇴근을 하던 중 주유소에 들렀다. 지금처럼 셀프 주유소가 없을 때였다. 주유원에게 가득 넣어달라고 하고 차 안에서 기다렸다. 한창 기름이 들어가는 중이었는데 갑자기 밖에서 소동이 일어났다. "스톱!"이라는 큰 소리가 들렸고 주유소 소장이 급히 달려와서 주유를 중단시켰다. 이유는 이 차는 경유차인데 주유원이 휘발유를 주유를 한 것이다. 당시에는 유일하게 '스타크래프트'라는 수입 밴이 있었다. 주로 연예인들이 타고 다녔는데 이 차는 가솔린 엔진이어서 휘발유를 넣는다. 주유원은 밴처럼 생긴 처음 보는 내 차를 이런 밴 종류로 생각을 했던 것 같다. 차에서 내리니 주유소 소장이 정중히 사과했다. 그리고 근처 정비소에 연락해 차를 견인해가서 주유탱크를 비우고 세척해주겠다고 한다. 이때 주유원은 겁에 질린 표정으로 안절부절했고 계속 "죄송합니다"라는 말을 했다. 나는 휘발유를 넣는 밴으로 착각해서 실수한 것 같은데 괜찮다며 그를 편하게 대해주었다.

인근 정비소에 전화하던 소장이 다시 한번 나에게 양해를 구했다. 시간이 늦어 영업이 종료된 상태라 오늘은 작업을 못한다는 것이었다. 내일 아침 일찍 작업해놓을 테니 출근길에 찾아가라고 했다. 순간 약간의 불편함은 느꼈지만 알겠노라고 대답을 했다. 소장이 사무실에 들어가서 연락처를 적어달라고 했다. 나는 사무실에 가서 이름과 휴대폰 번호를 적어주었다. 그리고 주유원이 어려 보이던 데 몇 살이냐고 물었더니 고등학교 2학년인데 아르바이트로 일하고 있다고 한다. 나는 소장에게 학생을 나무라지 말라고 당부를 하고 주유소를 나왔다.

집에 도착 후 1시간 정도 지났을 때 휴대폰이 울렸다.

"아저씨~ 저 주유소에서 기름 잘못 넣은 학생이에요."

그 소년이었다. 내가 주유소에 남긴 전화번호를 메모했다가 퇴근 후 전화를 한 것이다. 소년은 또다시 죄송하다고 사과했다. 나는 실수로 그런 것이니 이해한다. 괜찮다고 했고, 공중전화 같은데 밤이 늦었으니 어서 집으로 들어가라고 했다. 그래도 전화를 끊을 줄 모르고 죄송하다는 말만 반복하는 그에게 그렇게 많이 미안하면 학생이 어른이 되어 이와 비슷한 상황을 겪었을 때 상대를 너그러이 용서하는 '미덕'을 가지라고 말해줬다. 또 기회가 되면 남을 도와주기도 하는 선량한 사람으로 살아가라고 했다. 소년은 "알겠습니다. 아저씨." 이렇게 대답했고 마지막으로 들려온 음성은 펑펑 우는 울음소리였다. 그렇게 통화가 끝났고 나는 그 소년이 참 착하고 순수하다고 느꼈다.

다음 날 주유소에서 들렀다. 소년은 학생이라 보이지 않았다. 차는 세척을 마쳤다고 했고 기름은 가득 넣었는데 돈은 받지 않았다.

그리고 내가 요청도 안 했는데, 소장은 차후 차량에 이상이 생기면 변상을 하겠다는 각서를 써주었다. 각서를 받기는 했지만, 소장에게 "별일 없을 겁니다."라고 안심시켰다. 실제로 차는 몇 년 동안 아무 탈이 없었고 주유소에서 있던 일도 잊혀져 갔다.

그후 3년이 지난 2000년 초 어느 날이었다. 퇴근을 해서 아파트 현관에 들어서려는데 누군가 나를 기다렸다가 인사를 했다.

"아저씨 안녕하세요?"

"누구……?"

"전에 주유소에서 기름을 잘못 넣었던 학생입니다."

아~, 그 소년이었다. 그의 손에는 선물상자도 들려있었다. 나는 그가 왜 찾아왔는지 또 그동안 어떻게 지냈는지 궁금하기도 해서 아파트 단지 내 벤치에서 얘기를 나누었다. 그는 대학을 가지 않았고 대신 '자동차 정비사 자격증'을 취득해 지금 자동차 정비소에서 일하고 있다고 한다. "아저씨 차 고장 나면 저한테 오세요"라는 말도 했다.

3년 전, 17세 소년은 "어른이 되면 남을 돕는 사람이 되라."는 아저씨의 말을 가슴에 새겼고, 남을 돕는 일이 뭘까 생각하다가 아저씨의 차를 비롯해 지역 사람들의 차를 수리해주는 것이 이웃을 돕는 것이라고 생각해 이 길을 선택했다고 한다.

그리고 그해 가을 그는 군에 입대했다. 군대에서는 그의 특기를 살려 차량 정비병으로 복무했다. 차량 정비에 대한 그의 행로는 여기에서 그치지 않았다. 그는 제대 후 자동차 정비소에서 3년 동안

일을 해 학비를 모아 2008년에 대학에 진학했다. 전공은 당연히 '자동차학과'였다. 그리고 2011년에 졸업했고, 이 해에 다시 군대에 부사관으로 들어갔다. 이곳에서 그의 자동차 인생은 최고조에 달했다. 그는 부대 내 자동차 정비의 핵심 위치에 서게 되었고 권위 있는 상장, 표창장을 다수 받았으며, 소속 부대장으로부터 많은 칭송을 받았다. 이때 나는 산업통상자원부 산하기관 '한국산업기술진흥원'으로부터 CEO 특강 강사로 임명이 되었었다. 대상은 전국의 고등학교였는데 나는 강원지역의 고등학생들에게 강연을 했다. 이때의 강연 제목은 '꿈, 야망, 도전'이었고, 강연 중 꼭 '자동차 소년'의 이야기를 했다.

오직 자동차 정비 하나로만 지칠 줄 모르고 달렸던 그에게 고난도 있었다. 부사관 근무 5년 만에 불행히도 심한 폐결핵이 찾아왔다. 상태가 매우 심해 병원생활을 하며 고생도 많이 했고, 군 생활도 불가해져 2011년 결국 제대하게 되었다. 그런데 다행히도 그는 '모범적이고 성실한 자세로 군 복무에 충실했던 점' '수차례의 수상' '공무수행 중에 발병한 점' 등이 인정이 되어 '국가보훈처'로부터 '국가유공자'로 등록이 되었다. 2011년 그의 나이 31세였다. 이후 그는 지병과도 싸워 이겼고 '국가보훈처'의 배려로 경기도 모 시청의 차량관리를 하는 공무원이 되었다. 여전히 자동차와 함께 하는 일은 계속 이어져 갔다.

2013년에는 그가 결혼을 했다. 그는 나에게 주례를 부탁했고 나는 기꺼이 이에 응했다. 49세에 처음 주례를 한 것을 비롯해 몇 차

kakaostory

양연준
2013년 10월 20일 오후 07:25

2013. 10. 19(토)
'자동차 소년' 결혼하다.

고교, 대학, 군대, 직장...
모든 위치에서 오직
자동차에만 전념했던 그를
나는 '자동차 소년'이라 불렀고,
나의 강연 소재로 삼기도
했었다.

그가 결혼을 했고,
필연적으로 내가 주례를 했다.

신랑이 훤칠한 키에 훈남이고,
신부와 잘 어울린다.
행복하게 잘 살기를 기원한다.

례 주례를 서 봤지만, 그의 결혼식 주례가 가장 뜻깊었다. 아래는 당시 나의 '카카오스토리'에 담아놓은 내용이며 가끔씩 열어보고 그때를 회상한다,

며칠 전 통화를 했는데, 그의 새로운 목표를 들었다. 지금 단계적으로 준비를 하고 있는 중인데 앞으로 2년 후인 2025년에 퇴직을 하고, '수입자동차 전문 서비스센터'를 오픈하는 것이었다. 사회에서, 대학에서, 2번의 군대에서, 관공서 차량관리까지 지금까지의 그의 생은 오직 자동차 정비였다. 그리고 이제 마지막으로 그가 또 하나

의 목표를 정했다.

26년 전 자동차와 관련된 한 소년의 작은 실수를 용서했던 계기가 소년을 자동차 정비 전문가로, 31세의 젊은 나이의 '국가유공자'로 만들었다. 지금 43세인 그를 나는 아직도 '자동차 소년'이라고 부르며 그는 나를 여전히 '아저씨'라고 부른다. 소년은 아저씨의 자동차를 고쳐주려고 정비 기술을 배웠다는데, 기회가 안 되어 정작 내 차를 수리해보지는 못했다.

2025년 그가 '수입차 전문 수리센터'를 오픈하면 기쁘게 찾아가 격하게 축하도 해주고 오랜 세월이 지난 이제 서야 내 차를 맡기며 그가 소년 시절에 가졌던 소박한 소망을 이루어주려고 한다.

# 박 인 숙

경북 군위 출생
한국방송통신대학교 국문학과 졸업
≪영남문학≫, ≪스토리문학≫ 신인상
한국방송대 문연문학상 입선,
한국스토리문인협회 회원
천마문학회 회원
군위문인협회 회원
자작나무수필 동인
E-mail : pis508@hanmail.net

# 편지 외 2편

박 인 숙

가을이면 편지를 쓰고 싶다. 단풍들고 낙엽 지는 낭만의 계절이면 플라타너스 잎이나 은행잎을 책갈피에 눌러서 편지를 썼던 일은 누구나 한 번씩 해 보았을 것이다. 추억을 떠올리며 오늘도 노란 플라타너스 잎 몇 장을 주워서 책 속에 눌렀다. 편지를 써서 우체통에 넣어 본 지도 까마득하다. 기억나지 않을 만큼 오랜 시간 동안 우표가 얼마인지도 모르고 살았다. 올해 봄에 군대에 간 아들 덕분에 가끔씩 우체국 창구를 찾는다. 예나 지금이나 편지를 주고받는 일은 가슴 떨리는 일이다. 50년이 넘는 생을 살면서 가슴 두근거리는 일이 수없이 많았지만, 그중에서 잊을 수 없는 일 중의 하나는 편지를 보내고 받을 때의 그 떨림이다. 상대가 누구이든 상관없이 손으로 쓴 내 이름 석 자만 보면 가슴이 설레기 시작한다.

군대에 간 아들에게 가끔씩 편지를 쓴다. 엄마와 아들 사이에는 그리움이란 말로는 다 표현 못 할 그 무엇이 있다. 아들은 글자를 쓰기 시작하면서부터 해마다 어버이날이 되면 편지를 써서 내게 전했다. 모아둔 편지를 한 번씩 꺼내서 읽을 때마다 가슴이 뭉클해진다. 지렁이처럼 기어가는 글씨부터 군인이 된 지금까지 한해도 빠지지 않았다.

그때마다 답장을 해주지 못한 것이 지금 생각하니 후회가 된다. 그때 못한 답장을 군대에 보내고 나서 다 했던 것 같다. 군인들이 받는 편지는 군대 밖에서 받는 편지와는 차이가 많다고 들었다. 아들은 객지에서 대학을 다녔다. 정해진 날짜에 반찬이나 간식거리를 보내면서 늘 쪽지편지를 넣어 보냈더니 한 번씩 빠지면 왜 편지가 없냐고 먼저 물어본다. 어느새 아들도 편지가 주는 행복을 맛본 것 같았다.

추억 속에도 수많은 편지가 있다. 떠나버린 첫사랑에게 보낼 수 없는 편지를 수도 없이 썼던 기억, 짝사랑했던 사람에게 이름 없이 보냈던 숱한 사연들, 부부싸움 대신 출근하는 남편의 주머니 속에 넣어 보냈던 긴 사연의 편지들도 있었다. 모두들 답장이 없는 편지이다. 컴퓨터가 흔하지 않던 시절에는 편지를 쓰는 일이 거의 일상이었다. 전화가 있기는 했지만, 편지는 말이 아닌 글이기에 좀 더 다정하고 애틋할 수가 있었던 것 같다. 그 기분을 느끼기 위해 편지를 많이 했던 것 같다. 내 지인들은 거의가 무뚝뚝한 경상도 사람들이다. 말로는 아무리 해도 설렘이 없지만 한 장의 편지는 가끔씩 나를 감동하게도 하고 울리기도 했다. 지금도 가을이면 누군가에게 편지를 쓰고도 싶고 받고도 싶다. 목련꽃 그늘에서 읽는 베르테르의 편지는 아니지만, 중년의 허전한 마음 한 자락과 낙엽 뒹구는 가을의 한 자락을 엮어서 누군가에게 띄워 보내고 싶은 계절이다.

태어나서 처음으로 영어를 배웠던 중학교 때였다. 2학년이 되었을 때 선생님은 학생들의 영어 실력 향상을 위해서 미국 학생들과 펜팔을 하도록 연결해 주셨다. 난생처음으로 국제 우편이 찍힌 봉투에 영어로 내 이름이 써진 편지를 받았을 때 나는 심장이 멎을 것 같았다. 내가 더욱 놀란 것은 봉투를 뜯는 순간이었다. 편지 속에는 노랑머리, 파란 눈을 가진 백인의 남자 아이 사진과 영어로 쓴 편지가 들어있었다. 사전을 찾아가며 편지를 읽는 것은 조금 흥미로운 일이었지만 그 사진을 보는 순간 너무 당황했다. 그 당시는 부끄러워서 남자 친구들을 피해 다니던 시절이었는데 나와 너무도 다른 남자가 친구하자고 사연을 보내 왔으니 내 가슴은 그야말로 방망이질을 했다. 그 뜨거웠던 기분을 지금도 잊을 수가 없다. 이렇듯 편지는 이런저런 이유로 주고받는 가슴을 떨리게 하고 행복하게 하는 것 같다.

어느 해 가을기행에서 한국전쟁의 흔적들을 사진으로 엮어서 군부대의 담을 따라 진열해 놓은 현장을 돌아보고 왔다. 그 중에서 눈에 띄는 것이 어느 학도병이 쓴 편지였다. 총탄이 빗발치는 전장에서 몸을 숨기며 어머니께 보낸 중학생 아들의 편지를 보고 동행한 사람들이 눈시울을 적셨다. 사람을 죽였다는 고백을 시작으로 그 살벌한 분위기를 어머니께 전하고 또 전했다. 상추쌈이 먹고 싶다고, 시원한 냉수를 마시고 싶다고 애원하듯 써 내려간 그 편지가 어머니와 아들의 마지막 대화였다. 적들이 가까워짐을 알리고 안녕이란 말을 하지 않으려고 몸부림치면서 편지는 끝났다. 그 다음날 그 어린 병사는 죽음 앞에 무릎을 꿇고 말았다 한다. 어린 아들이 보낸 한 장의 편지는 그 당시 대한민국 모든 어머니들의 편지가 되었으리라. 아들을 군대에 보내는 어머니들이 흘리는 눈물의 의미를 알 것 같았다.

벨이라는 과학자가 전화기를 발명하기 전에는 편지가 세상을 지배했을 것이다. 너도 나도 편지를 쓰던 시대에는 모두가 문장가요 시인이었을 것 같다. 지금은 전화도 귀찮아서 몇 자의 문자로 통하는 시대다.

사람들의 언어생활이 갈수록 중요성을 잃고 있다. 이젠 말이나 글보다 어떻게 하면 가장 간단하게 자신을 표현해야 할 지 고민하는 세상이다. 더 짧게 더 편하게 더 빨리 하는 것이 살아남기 위한 한 방법이다. 아날로그를 좋아한다는 사람은 자기 합리화에 충실할 뿐이다. 이젠 슬로우slow라는 말이 특별한 단어로 평가 받고 있다. 패스트푸드 대신 슬로우 푸드에 관심을 가지기 시작했고, 자연 그대로의 여유 있는 삶을 사는 마을을 슬로우시티라는 이름으로 지정하기도 한다. 참선을 공부하는 불자佛子들은 천천히 자기 자신을 들여다보면서 보이지 않는 마음을 찾아가기도 한다. 느림의 미학이 한층 더 돋보이는 21세기의 삶이다.

오늘도 집 앞 우편함에는 편지가 가득하다. 특별한 경우를 제외하면 거의 각종 요금 청구서이다. 사람이 아닌 기계가 찍어낸 편지이다. 편지를 받으며 설레었던 그 마음은 어디로 가고 없다. 이젠 군대에 간 아들도 일주일에 한 번씩 하는 전화만 있을 뿐 편지를 쓰지 않는다. 좀처럼 글씨를 쓸 일이 없는 젊은이들이기에 성인이 된 아이들의 필체가 형편이 없다. 예전에는 글씨가 그 사람의 얼굴이라 했건만 지금은 무엇이 그 자리를 대신 하는지 모르겠다. 하지만 세상의 모든 언어는 편지이다. 자기가 하고 싶은 말을 상대방에게 전하는 것이 편지일 것이다. 작가는 책을 써서 독자들에게 전하고, 가수는 노래를 불러서 대중들에게 전하며, 배우들은 몸짓으로 관객들에게 마음을 전달한다. 글을 쓰고 읽을 수 있을 때 한 장의 편지라도 주고받고 싶다. 언젠가는 그 쉬운 일도 할 수 없을 때가 올 것이다. 가을이 다 가기 전에 누군가에게 마음 담은 편지 한 장 보내야겠다.

# 이사

눈물이 났다. 딸아이도 슬프다고 한다. 17년 동안 정들었던 집을 떠나는 날이다.

이 집에서 얼마나 많은 일들이 일어났고 나의 젊은 날을 다 보냈다고 해도 과언이 아니다. 한 해를 마무리하는 12월이다. 춥고 을씨년스런 날씨에 이사까지 하려니 서글픈 마음이 더욱 더 하다. 이웃들의 인사가 떠나는 나를 더욱 슬프게 만들었다. 남들이 이사할 때는 그냥 잘 가라는 인사와 함께 큰 감정의 변화 없이 보냈는데 내가 이사하는 날은 만감이 교차했다. 병든 시어머니를 모시고 두 아이가 초등학교에 다닐 때 들어온 이 집에서 시간이 많이도 흘렀다. 그 동안 어머님은 돌아가셨고 큰 아이가 서른이 되었으니 세월의 흐름을 느끼고도 남는다. 현대 사회는 아파트라는 편리한 주거공간이 대부분인데 엘리베이터를 불편해하시는 어머님 때문에 우리는 늘 주택에만 살았다. 이제 그 이유에서 벗어나니 조금은 쉽게 이사할 수 있게 되었다.

낡은 주택이었지만 손바닥만 한 꽃밭이 하나 있었다. 봄볕이 내려앉으면 좁쌀처럼 터지는 라일락과 하얀 재스민의 꽃향기가 코를 자극했고 그윽한 백합 향기가 온 집에 진동하기도 했다. 여름이면 갖가지 장미가, 가을이면 색색의 국화가 온 뜰을 수놓았다. 그 많은 화분들을 정리하고 떠나는 발걸음이 무겁기만 했다. 햇빛 좋은 날, 옥상 빨랫줄에서 하얀 빨래들을 걷어 내리면 바스락거리는 빨래의 촉감이 나를 오싹거리게 만들었고, 비 오는 날이면 음악소리 낮추고 처마 끝에 떨어지는 빗소리 들으며 차 한 잔 마시면 가을이 아니어도 사색에 빠지기에 충분하다. 추적추적 내리는 비는 계절의 변화를 느끼기에 안성맞춤이다. 봄이면 새싹들을 틔우고, 여름이면 푸른 가지들을 늘어뜨리며, 가을에는 붉은 열매들을 키웠고, 겨울이면 눈이 내려 세상을 잠재웠다. 사계절을 온몸으로 느끼며 살아 온 정겨운 주택의 생활도 이제 막을 내려야 한다. 매일 눈도장을 찍던 감나무, 대추나무, 매실나무도 이제 작별해야 한다.

모두를 뒤로 하고 떠나왔다. 집 구석구석이 추억 덩어리다. 짐정리를 하면서 그 추억들을 하나씩 꺼내 보았다. 수십 개가 되는 남편의 월급통장과 내가 썼던 20여 권의 가계부는 정말 아까웠지만 아쉬움을 머금고 정리를 했다. 수입과 지출을 한눈에 볼 수 있는 기록이기도 하다. 아쉽지만 요즘 세상에는 별로 소용이 없는 것들이다. 정말 열심히 벌어 준 돈을 가끔은 너무 생각 없이 쓰면서 살아 온 흔적 앞에 미안하고 고마운 마음이 들었다. 젊고 풋풋했던 남편의 모습은 어디로 가고 흰머리가 반쯤 덮인 낯선 남자가 내 옆에 있다. 모두가 이 집에서 만들어진 일이다. 정년퇴직을 앞두고 정든 집마저 떠나야 하니 남편은 이중의 아픔이 따르지 않을까 싶다. 아이들도 어린 시절부터 그렇게 소중하게 생각하고 아끼던 물건들이 이젠 짐이 되는지 정리를 했다. 과거를 다 안고 살기에는 현실이 너무 복잡하다.

떠날 때 다시 만날 것을 믿는다는 어느 시인의 말은 믿을 수가 없다. 이사란 무엇일까? 단순히 거처를 옮기는 것일까? 마음이 떠난다는 것일까? 몸과 마음이 정돈된 자리에서 어지럽게 뒤섞이는 큰 변화를 겪는 중요한 삶의 한 과정이다. 퇴직하고 떠나 온 직장은 다시 갈 수가 없고, 한 번 떠나 온 집은 다시 들어갈 수 없는 것임을 잘 알기에 더욱 허탈하다. 요즘은 옛 것을 지키자는 여론들도 많지만 우리 동네도 재개발이라는 물결에 휩쓸리게 되어 그 집에는 도저히 다시 들어갈 수 없게 되었다. 집이 철거되기 전에 한 번이라도 더 가 보려고 기회만 되면 옛 집에 가서 한 바퀴 돌아보고 온다. 이렇게 아쉬워하는 주민들의 생각을 알기나 하는지 얼마의 돈으로 추억을 빼앗아 버리는 사회의 시스템이 현대인의 마음에 상처를 입히기도 하는 것 같다.

지난 가을 시골 부모님이 계시는 집을 다시 짓자는 의견들이 나왔는데 아버지께서 극구 반대를 하셔서 집을 뜯지 못하고 약간의 수리를 했다. 자식들은 아버지의 고집을 원망했었다. 그곳에서 거의 80년을 사셨고 그 집을 지은 지는 40년이 되었다. 아버지는 지금의 그 집이 가장 편안하고 익숙한 것 같았다. 이사를 준비하면서 아버지 마음이 충분히 이해가 되었다. 늙을수록 새 것에 대한 두려움과 불편함이 있는 것은 어쩔 수 없다. 그냥 현재에 안주하고 싶은 것이 기성세대의 바람일 것이다. 사람은 자기가 겪어봐야 상대를 이해할 수 있음을 다시 한 번 확인했다.

시골에 고향을 둔 나는 어린 시절 이사를 한 번도 경험하지 못했다. 아이들도 어릴 때는 이사를 하면 새로운 분위기에 마냥 신기해하고 들떠 있곤 했는데 조금씩 커 가면서 안정된 것을 좋아했다. 이집에 올 때도 아이들 전학하지 않으려고 가까운 거리로 왔는데 결국은 떠나야 한다. 나의 몸과 물건들은 새로운 공간으로 옮겨 가지만 당분간 마음만은 이곳에 남을 것 같다. 오랜 연인과의 이별처럼 허전한 마음이 가시질 않는다. 한 동안 마음의 병을 앓을 것 같다. 뜰 앞에 선 매화나무가 빨갛게 꽃눈을 뜨고 있다. 벌써 봄이 오는 소리가 들리는 듯하다. 그 모습도 이번이 마지막이다.

# 껌

'양심불량', 길바닥에 씹다 버린 동그랗고 검은 껌의 별명을 지어 보았다.

사람들이 길을 걸으면 앞을 보고 걸어갈 때가 많고 바닥은 잘 살피지 않는다. 나도 그중의 한 사람이기에 늘 그렇게 걸어 다닌다. 어느 날 땅바닥을 보며 걷는 순간 숨이 멎을 정도의 놀라움을 발견했다. 내가 걸어가는 길바닥에 수많은 껌딱지들이 검게 붙어 있는 것을 보았다.

흙길은 구경할 수도 없이 완벽하게 포장된 도시의 거리, 차도를 제외한 인도에는 거의 블럭들이 깔려 있거나 좀 더 큰 건물 앞에는 고급스런 대리석타일이 깔려 있기도 하다. 껌을 버리는 데는 그런 바닥의 종류를 가리지 않는다. 껌 자국은 밤하늘의 별처럼 수도 없이 많다. 별처럼 빛나기라도 하면 곱기나 할 텐데 검은 딱지들은 흉물스럽기 그지없다.

처음 그것을 보았을 때 내 눈을 의심했다. 혹시나 해서 한번 긁어본 적도 있었다. 끈적거리는 것이 정말 버려진 껌이 맞았다. 아주 오랜 시간이 지나면 밟히고 씻겨서 없어질 수도 있겠지만, 군데군데

문화시민이라는 문구들이 걸린 도시의 거리에서 만난 눈앞의 현실이 부끄럽게 느껴졌다.

사람들은 왜 껌을 씹을까? 나도 껌 씹는 것을 좋아한다. 혼자 있는 시간 너무 조용하거나 심심할 때 껌을 씹으면 혼자라는 허전함도 덜해지고 심심하던 분위기가 좀 재미있게 느낄 때도 있다. 미운 사람이 있으면 그 사람을 생각하며 꼭꼭 씹어주기도 하면서 껌이 주는 즐거움을 가끔씩 누리며 산다.

또 사람들이 껌을 씹는 이유 중의 하나는 집 밖에서 양치질을 하기 힘든 상황일 때 그 대신으로 많이 씹는다. 특히 식후에 껌을 씹는 일이 많다.

어린 시절 껌에 대한 재미있는 이야기도 많이 있다. 60년대 우리 세대에는 껌도 그리 흔하지 않았다. 달콤한 껌 하나가 산골 어린이들에게 큰 즐거움과 재미를 주기도 했다. 특히 풍선껌으로 풍선을 만드는 재미는 경험해 보지 않으면 알기 힘들다. 어쩌다 껌이 한 개씩 생기면 그 껌의 생명인 점성이 다할 때까지 하루 종일 씹곤 했다. 중간에 식사 시간이 되면 형제들이 나란히 껌을 문틀에다 붙이고 밥을 먹고는 다시 씹었다. 요즘 껌을 씹다가 단맛도 빠지지 않은 껌을 버려야 될 때는 그 옛날이 생각나서 피식 웃을 때가 있다.

그렇게 껌에 대한 재미있는 추억도 있고 지금도 껌을 즐겨 씹지만 어느 날 길거리에 버려진 껌을 본 순간 아무리 생각해도 너무하다는 생각이 들었다.

'씹으신 껌은 종이에 싸서 휴지통에 넣어 주세요.'

누구나 한 번쯤은 봤을 법한 껌 종이에 써진 문구이다. 누구보다 껌을 좋아하지만 나는 단 한 번도 길바닥에 껌을 버려본 적이 없는데 도대체 누가 저렇게 많은 것을 버렸을까.

우리들이 껌이라는 상품을 통해서 수많은 양심을 버리고 있다는 생각이 들었다.

예전에는 길거리에 담배꽁초가 많아 보기가 흉했는데 지금은 꽁초보다 버려진 껌이 훨씬 더 많은 것 같았다. 그 중에서도 특별히 많은 곳이 몇 군데 있었다. 버스 정류장이나 큰 건물 입구 아니면 가게 입구 등 사람들이 장소를 바꿔야할 시간이면 껌을 뱉어 버리고 들어가는 것 같았다. 참 이상한 것은 나는 한 번도 사람들이 껌을 버리는 장면을 목격하지 못했다는 것이다. 그나마 양심을 가진 사람들이 남이 보지 않게 몰래 버리고 다닌다는 것에 조금의 희망이 보이기도 했다.

돌이켜보면 예전에는 버스 정류장마다 껌이나 담배꽁초 등을 버릴 수 있는 휴지통이 설치되어 있었는데 언제부터인가 그 통들이 사라진 것 같다. 그것이 길바닥에 껌을 버리게 된 이유 중의 하나가 될 수도 있다. 나는 언젠가 길거리에 껌을 버리지 않으려고 휴지에 싸서 가방에 넣었다가 소지품에 껌이 녹아 붙어서 고생한 적이 있다. 그런 불편이 있으니까 사람들도 길가에 몰래 버리고 가는 것 같다. 버려진 껌을 보면서 정류장만이라도 작은 휴지통 하나쯤 비치해 두는 것이 좋을 것 같다는 생각이 들었다.

몇 년 전 방송에서 본 일이 있다. 영국의 벤 윌슨이라는 화가는 땅바닥의 껌딱지 위에다 그림을 그리는 사람이다. 10여 년 동안 약 만여 개의 그림을 그렸다 하니 다른 나라에도 땅바닥에 껌을 버리는 사람들이 있긴 있는 것 같다. 땅바닥에 엎드려 그림을 그리고 사진을 찍어서 보관하고 그 그림은 행인들이 감상할 수 있는 예술작품으로 남긴다 했다. 그렇게 노숙자처럼 땅에 엎드려 그린 그림을 보고 껌을 버린 사람은 어떤 생각을 할지 궁금했다. 그는 길거리에서 그림을 그릴 수 있는 껌을 발견하면 돈을 주운 듯 기뻐한다는데 그곳엔 우리나라처럼 버려진 껌이 많지 않구나 생각되었다. 그가 우리나라에 온다면 거리가 온통 캔버스가 되지 않을까 싶다.

껌이 없는 나라도 있다. 깨끗한 나라로 알려진 싱가포르는 껌이 없는 나라로 잘 알려져 있다. 10여 년 전부터 치과병원의 치료 목적으로 의사의 처방을 받아서 껌을 씹을 수 있는 일부를 제외하면 지금도 껌이 없는 나라다. 껌을 씹다가 함부로 버리면 길거리가 껌 자국으로 지저분해진다는 이유로 껌의 수입과 판매를 금지한다니 그 이유를 충분히 이해할 수 있을 것 같았다. 싱가포르에서 껌을 씹다가 적발되면 우리 돈으로 80만 원에 달하는 벌금을 내야 한다니 심심풀이로 씹는 껌 하나에 치르는 대가는 엄청나다. 여행객으로 방문했다가 잘못하면 큰 낭패를 볼 수 있으니 우리가 무심코 씹고 버리는 껌이 그 나라에서는 그렇게 큰 비중을 두고 있음에 놀라운 일이다. 이 모두가 길거리 환경을 위해서 만들어진 그 나라의 법임을 생각할 때 우리도 껌을 함부로 버리는 나쁜 습관은 꼭 고쳐나가야 할 필요성을 느낀다.

가을의 높고 깨끗한 하늘과 검은 반점으로 얼룩진 땅을 번갈아 보면서 생각이 많아진다. 저 하늘에는 껌을 붙일 수가 없어서 땅에만 버리는 불량한 양심들을 보면서 인간의 끝없는 이기주의를 보게 된다. 맛있게 또 재미있게 씹은 껌을 잘 싸서 버리면 껌도 우리 생활에 소중한 기호식품인데 왜 그렇게 스스로 눈살을 찌푸리게 하는지 인간의 한 사람으로 반성하게 된다. 인간은 스스로 만든 행동에 스스로 갇혀서 괴로워하는 것 같다. 깨끗한 거리가 되는 그날이 기다려진다.

# 박정자

《스토리문학》 수필 등단
한국스토리문인협회 회원
자작나무수필 동인
혜윰서평단 회원

# 『인생 수업』을 읽고 외 2편

- 엘리자베스 퀴블러 로스 · 데이비드 케슬러/류시화 역

박 정 자

"우리는 배움을 얻기 위해 이 세상에 왔다. 태어나는 순간 누구나 예외 없이 삶이라는 학교에 등록한 것이다. 수업 시간이 하루 24시간인 학교에. 살아있는 한 그 수업은 계속된다. 그리고 충분히 배우지 못하면 수업은 언제까지나 반복될 것이다. 사랑, 관계, 상실, 두려움, 인내, 받아들임, 용서, 행복 등이 이 학교의 과목들이다."

- '프롤로그' 중에서 -

무엇에 그리 쫓기면서 원망하고 미워하며 살았는가? 이 책을 여는 순간! 단숨에 읽어 내려 갈 수가 없었다. 조금 읽고 숨을 들이마시고 또 몇 장 읽고 밖에 나가 하늘을 보고 다시 집어 들기를 여러 번 하면서 며칠을 이 책을 음미하는데 보냈다. 내 삶을 다시 되돌아보게 하고 원망하고 미워했던 것들을 용서라는 이름으로 보내주는 법을 배우게 되었다.

엘지자베스 퀴블러 로스는 '죽어가는' 사람들로부터 가장 큰 교훈을 남긴 호스피스 운동의 선구자이며 정신의학자였다. 엘리자베스 퀴블러 로스는 죽음을 앞둔 환자들을 돌보며 이야기를 듣고 대화를 나누면서 강의 형식으로 이 책을 집필했다. 죽음의 가장 큰 교훈은 바로 '삶'이라고 아름다운 죽음을 위해 아낌없는 삶을 살아가길 소망하는 그의 간절함이 담겨있는 책이다.

"치유의 열쇠는 용서입니다. 용서란 과거를 인정하고 보내주는 것을 의미합니다."

- 132페이지 중에서

우리는 자기 비난이 아니라 용서를 받을 자격이 있다고 말한다. 우리는 살면서 남과 나도 용서 하지 못하고, 원망과 미움이라는 성을 쌓고 각자의 삶의 테두리 속에 자기를 거둬 놓고 화를 키우고 있다. 그 화는 남을 다치게 하는 것이 아니라 결국 자기 자신을 다치게 하는 것인지도 모른 채. 화병을 키우면서 살아가고 있다.

저자는 죽음만큼 힘들어도 용서와 사랑을 하라고 한다. 우리가 살면서 가장 힘든 것이 용서와 사랑이다. 엘리자베스 퀴블러 로스는 용서는 우리 자신을 위해 상처를 떨쳐 버리는 것이고, 용서를 미루는 사람들은 다름 아닌 자기 자신을 벌하고 있다는 사실을 깨달아야 한다고 했다. 미움은 나를 벌하는 것이다. 내가 아무리 상대방을 미워하고 욕을 한다 해도 상대방에게는 아무런 변화가 없다. 다만 내 마음만 병들어 갈뿐이고, 그로 인해 몸도 함께 병 들어 가는 것이다. 미움과 용서 하지 못하는 감정의 고리를 정리해야 자유를 얻을 수 있다.

나는 지독히도 대학을 다니지 못하게 했던 친정아버지와 오빠들을 무척 미워했다. 난 그들의 바람대로 결국 대학을 중퇴하고 말았다. 많은 세월이 흐르는 동안 졸업을 못한 것에 대해 그들을 가슴 깊이 원망했다. 그 결과 몸은 만신창이가 되었고, 항암치료와 우울증까지 몸과 마음에 각종 좋지 않은 손님들이 찾아왔다. 그 무렵 인생 수업을 만났다. 인생 수업은 정말 인생 수업이었다. 읽고 또 읽으며 마음에 평화를 찾기 시작했다. 마음에 고요함은 감사함이 찾아와 삶에 무한한 힘과 의미를 불어넣어 주었다.

책장을 넘길 때마다 심호흡을 연신 하면서 넘겼다. 모든 원인은 나였고, 모든 결과도 나였다는 것을 알았다. 용서는 남을 용서하는 것이 아니라 나를 용서하는 것이었다. 난 그들을 용서하지 못할 것이라 했는데 그것은 집착이었다. 집착, 그 감정에 고리를 끊으면 모든 것이 자유로워지는 것을 집착 때문에 자신을 이리도 힘들게 하다니…….

용서했다. 그들을, 아니 나를.

“다시는 이번 생처럼 경이로움을 지닌 대지를 경험하지 못할 것입니다. 삶의 마지막 순간에 바다와 하늘과 별 또는 사랑하는 사람들을 마지막으로 한 번만 더 볼 수 있게 해달라고 기도하지 마십시오. 지금 그들을 보러 가십시오.”

- 261페이지 중에서

인생은 먹고 싶은 것 먹고, 하고 싶은 것 하고, 가고 싶은데 가고, 보고 싶은 사람 보며 사는 것이 인생이랍니다.

## 걸으며 생각하며

올겨울은 춥고 눈이 많이 올 거라 혹시 큰 부상이라도 입을까봐 미리(?) 발목을 깁스한 덕분에 방콕 신세였다.

그동안 쉬지 못한 몸을 쉬라고 겨우내 목발과 침대 신세. 누워서 함박눈이 펑펑 내리는 것도 마음껏 감상했다. 여고시절 함박눈을 하염없이 감상하고 싶어 방문 걸어 잠그고 창을 열고 내리는 눈을 조마조마하면서 감상했던 시절이 생각난다. 학교에 가면 마음껏 감상할 수 없으니 결석을 한 것이다. 그 마음 알았는지 함박눈을 여고시절 눈으로 볼 수 있게 한 중년의 오늘. 걸을 수 있다는 것이 얼마나 축복인지……. 산책하고 싶은데 말이다.

그래도 모임에서 트레킹을 가잔다. 걷지는 못해도 바람이라도 쏘일 겸. 망설이다 '그래 봄이잖아'하고 이른 새벽 설레는 마음과 가벼운 옷차림으로 모임 장소로 갔다. 한두 사람이 모이기 시작했는데, 와야 할 버스는 아니 오고 여기저기서 춥다고 난리다. 나 역시 옷을 가볍게 입어 춥기는 마찬가지다. 버스는 한 시간이 넘어서야 도착했고 그래도 봄 첫 나들이인데 모두들 불만 없이 웃으며 그동안의 안부를 물었다. 버스는 외줄 타듯 아슬아슬하게 산굽이를 돌아 목적지인 봉화에 도착했다.

'세 평 하늘길' 양원역에서 승부역까지 비경을 감상하는 길이란다. 모두들 들뜬 걸음으로 봄 날을 걸으러 가고 있는데 나는 걸을 수가 없으니 쉴 곳을 찾아야 했다. 하늘을 보니 깊은 산속마을이라 정말 하늘이 손바닥만 하게 보였다. 그래서 세평이라고 했나 보다. 몇 가구 안 되는 마을에 초가집의 화전민 민박도 있고 어울리지 않을 것 같은 카페가 있다. 검정 바탕의 조립식 건물인데 오전이라 문은 잠겨 있었다. 혹시나 하고 주위를 보니 할매가 있었다. 언제 카페를 여느냐고 하니 지금 바로 열거라 하면서 문을 연다. 대추차를 주문하고 앉아있는데 할매가 "네네 점심을요? 아 네네"하고 통화한 후 할매가 "나는 지금 점심 주문이 들어와서 산으로 닭 잡으러 갈 낀데 가게 잘 보슈!"하고는 쌩하니 나가신다.

'이 산속에 음식점도 없는데 어떻게 음식 주문을 받지?'하고는 잊어버렸다. 카페를 객이 아닌 주인처럼 독차지 하고 있는 내가 바로 세상을 다 가진 세평 하늘 아래의 주인인 듯했다. 창밖을 보니 풍진 세월을 견디며 서 있는 멋들어진 소나무가 있다. 소나무를 감상하며 내려다보이는 계곡은 너무도 조용했다. 얼만큼의 시간이 흘렀을까 일행들이 돌아오기 시작했다. 어디선가 마을회관으로 점심을 먹으러 오라는 소리가 들린다. 삼삼오오 짝을 지어 마을회관으로 갔다. 그런데 세상이나 구들장은 몸조리할 만큼 뜨끈했고, 아침에 카페에서 보았던 할매가 오랜만에 집에 오는 자식들을 반기듯 반기신다. 투박하게 차려진 밥상에는 어디에서도 보지 못한 우람한 근육질 다리의 토종닭이 우리들 입을 다물지 못하게 했다.

촌이라 차린 것이 없다고 하시며 닭 국물과 찰밥을 연신 내놓으신다. 우리는 오랜만에 고향에 온 듯 집 밥을 먹는 데만 열중했다. 아침에 산으로 잡으러 간다던 그 닭이 지금 여기에 있는 것이다. 얼마나 맛있는지 말로 다 표현할 수 없었다. 쫄깃한 토종닭과 담백한 국물에 신 김치는 환상의 궁합이었다. 그렇지 않아도 속이 안 좋아 며칠을 굶었는데 할매의 손맛 덕분에 입맛을 되찾았다. 버스에서 할매의 손맛이 내내 생각났다.

돌아오는 길에 모두들 봄나들이 이야기보다는 할매의 손맛을 더 이야기했다. 여행을 다니면서 이렇게 집밥을 먹어본 적이 없다. 당연한 듯 단체로 식당에 음식을 주문해 소주 한 잔을 곁들이는 것이 보통이었다. 올해는 좋은 일이 많을 듯하다. 내가 미리? 발목에 깁스를 해서 트레킹의 액운을 막았고, 봄나들이의 세 평 하늘 아래서 할매의 맛난 손맛으로 여행을 시작했으니 앞으로는 더 좋은 일과 행운이 있으리라.

나이 들어가면서 건강에 더 신경을 쓴다. 시간이 되면 무조건 걷는다. 시내 볼일도 차보다는 걸어서 간다. 그렇게 걷기를 생활화하고 있는데 늘 다니던 도서관 계단에서 넘어져 발목에 깁스를 했다. 며칠은 쉴 만했는데 걷지를 못하니 얼마나 답답하던지. 겨우내 집밖을 나가지 못했다. 하염없이 창밖을 바라만 보면서 걸을 수 있다는 것이 얼마나 행복이고 축복인지 그 감사함을 절실히 느끼는 계기가 되었다. 트레킹 여행을 좋아한다. 걷기는 우울증을 이기는 데 도움을 주었고, 하늘을 미소 지으며 바라볼 수 있게 해 주었다.

이름 모를 들꽃과 그 들길을 따라 걸으며 산굽이 돌아 지인들과 벗 삼아 걷는 길은 삶에 한 페이지를 아름답게 장식했다.

# 그 아이

바람이 불면 어린 시절이 생각이 난다. 추운 겨울 엄마가 손수 떠주신 바지를 입고 내의도 없이 바람 부는 언덕을 홀로 걷던 생각이 난다. 그때는 어찌나 춥던지 춥다는 말도 못하고 먼 길을 홀로 걸었다.

그 기억에 바람이 불면 춥다. 지금은 그때보다는 덜 춥지만, 추위는 아직도 어린 시절에 머물러있다. 어쩌면 몸이 추운 것보다 마음이 더 추운지도 모르겠다. 그 작은 아이는 아직도 추위에 떨고 있다. 마음이 성장하지 못한 채 말이다

아버지는 유학자이셨다. 새벽녘에 일어나 동이 틀 때까지 큰 소리로 '공자 왈 맹자 왈'을 읊으시고 동이 트면 들로 나가셨다. 평생을 그렇게 사시다 치매로 요양병원에 입원했을 때도 다른 것은 몰라도 오직 한자 원문 책은 줄줄 읽으셨다.

서당에서 유학을 공부하셨다 하시면서 아들과 딸을 유난히 차별하셨다. 아버지의 아들과 딸을 차별하는 그 속에서 아이는 설움을 안고 자랐다. 자라면서 아버지와 한 번도 겸상을 해보지 못했다. 언제나 개다리소반에 무릎을 꿇고 앉아 엄마와 딸들은 동태 대가리만

먹었다. 아버지는 아들들의 앞길을 막는다고 딸이 많이 배우는 것을 원치 않았다.

'그래도'라는 섬이 있다고 한다. 그래도 그 아이는 원망보다는 용기를 냈다. 중년이 되어서 대학을 다녔고, 엄마와 주부, 그리고 일을 병행하면서 졸업장을 받았다.

그렇게 성장한 아이는 어느새 세 아이의 엄마가 되었다. 따뜻함이 무엇인지도 모르는 채 말이다. 부모님이 그러했듯이 마음보다는 먹는 것을 더 챙겼고, 성장하지 못한 마음은 언제나 아이여서 아이들 마음을 챙기지 못했다. '이제는 아이들을 챙겨야지…….'했는데, 아이들은 어느새 어른이 되어 있었다.

세월은 그렇게 30년이 흘렀다. 아이들은 부모에게 훈계하는 어른으로 성장했고, 나는 머리에 서리가 내려앉았다.

마음이 다 성장하지 못한 것도 모르면서 어른 행세를 하며 아이들에게 훈계를 하면서, 어른 '아이로 살아온 것을 이제야 알다니…….' 세월이 약이었을까……! 그 작은 아이는 이제야 추위를 벗어나는 길을 지금에서 어른으로 가는 길을 조금씩 알아 가고 있으니 말이다.

세월을 눈으로 느끼는, 삶을 가슴으로 알아가는 따뜻한 바람과 함께 꽃이 피는 것을 보면서 봄이라는 것을 알았고 지루한 장마에도 지루함보다는 한가한 마음에 여유가 생겼다. 온 세상이 붉게 물들어 가면 익어가는 계절에 감사함을 전하며 하얀 세상을 아름답게 바라볼 수 있게 되었다. 이제 그 작은 아이를 안아주고 달래줘야겠다. 그 아이를 안아주면 우리 아이들도 마음이 따뜻해지리라.

# 김순진

한국문인협회 · 국제펜한국본부 · 한국현대시인협회 이사
한국교수작가회 회원, 고려대학교 평생교육원 시창작과정 강사
은평예총 회장, 계간 ≪스토리문학≫ 발행인, 도서출판 문학공원 대표
은평문인협회 회장 · 중앙대문인회 수석부회장 · 시섬문인협회 회장 역임
수필춘추문학대상 외 수상
수필집 『리어카 한 대』, 『껌을 나눠주던 여인』 등 저서 17권

# 칭찬의 기적 외 2편

김 순 진

언젠가 TV에서 본 상담 프로그램이 생각난다. 6학년이 되어도 제로 제 이름자를 쓰지 못하고, 한글을 깨우치지 못한 한 남자아이가 있었다. 그 아이는 정말 학교에 가기가 싫었다. 지난 5년간 선생님들은 그 아이를 무조건 문제아로만 몰아세웠다. 그 아이도 부모도 공부를 포기한 상태였다.

"그래 공부 좀 못하면 어떠랴! 씩씩하고 건강하게만 자라다오."

그것이 그 아이에 대한 부모의 위안이었다. 그는 6학년이 되어서도 역시 학교에 가길 싫어하였다.

어느 날 학교에서 돌아온 아이는 숨을 몰아쉬며 엄마를 불러댔다.

"엄마, 엄마! 선생님이 날더러 반장하라고 그러셨어!"

엄마는 피식 웃었다.

"반장은 무슨 반장, 싸움 반장도 반장이냐? 말썽쟁이 반장?"

엄마는 아들을 믿지 않고 핀잔을 주며 그를 바라보았다.

"정말이에요 엄마! 선생님이 저보고 반장 하하고 그러셨어요. 청소반장!"

그 말을 들은 엄마는 울컥 화가 치밀어 올랐다. 공부 못하는 것도 서러운데 게다가 청소까지 날마다 시키다니……. 엄마는 언제 한번 시간을 내 선생님께 따지러 가려고 마음먹었다. 그런데 학교에 가기 싫어하는 아들에게 변화가 생기기 시작하였다. 평소 외모에 전혀 신경 쓰지 않던 아이가 어쩐 일인지 매일 아침 일찍 일어나 머리를 감고 거울 앞에 서서 모양을 내기 시작하였던 것이다. 그리고 학교에 가기 싫어서 등을 떠다밀다시피 보내던 등굣길을 스스로 일찍 일어나 늦었다고 성화하며 휘파람을 불며 등교를 서둘렀다.

그의 담임선생님은 그에게 칭찬의 처방을 내리셨던 것이다.

"야 너 정말 청소 잘한다. 어떻게 이렇게 깨끗이 닦았니?"

그 아이에게 선생님은 그렇게 칭찬으로 다가갔다. 지금껏 그 아이는 집에서나 학교에서나 칭찬을 들은 적이 없었다. 그런 그 아이에게 칭찬은 초콜릿처럼 달콤하였다. 선생님은 처음에는 청소를 잘한다며 청소 반장을 시키셨고 다음에는 다른 칭찬으로 이어갔다.

"어쩌면 이렇게 머릿결이 좋으니? 심부름도 잘하는구나!"

칭찬을 점차로 나중에는 공부에 관심을 보이도록 그를 끌어들였다.

"야, 너 만들기 정말 잘하는구나! 글씨도 이젠 정말 예쁘게 쓰네?

"야, 이렇게 어려운 수학 문제를 어떻게 풀었니? 여러분 우리 이 아이에게 박수 좀 쳐줄래요!"

학기 초에 한글도 모르던 그 아이는 학기말엔 정말 반장이 되었고, 졸업할 때는 진취상을 받았다.

어느 해 설인가. 차례를 지내러 종손댁에 갔을 때의 일이다. 오랜만에 만난 집안 형제들은 이런저런 이야기를 하다가 당구 시합을 하기로 의견을 모아 당구장에 가게 되었다. 당구장에 간 우리 형제들은 서로의 우애를 다지며 당구를 치고 있었다. 한참 당구를 치고 있는데 낯선 청년이 다가와 불쑥 인사를 하였다.

"저 모르시겠어요? 선생님! 저 장선이에요. 이거 우리 가게예요."

그 청년은 내게 선생님이라 부르며 깍듯했다. 나는 교육자가 아니기 때문에 더욱 어안이 벙벙할 수밖에 없었다. 한참을 생각한 나는 그의 이름을 기억해내었다.

"장선이라. 어, 네가 정말 장선이냐, 정말 반갑다. 이런 곳에서 널 만나게 될 줄은 정말 몰랐구나."

나는 그를 부둥켜안으며 반가워하였다.

"선생님 술 한 잔 하시러 가시죠."

"아니야 괜찮아. 내가 무슨 선생님이라고……."

나는 쑥스러워 그를 만류하였다. 그는 나의 옆구리에 팔짱을 끼고 나를 근처 식당으로 안내하였다.

"그때 선생님이 아니었더라면 지금쯤 나는 뭐가 됐을는지 몰라요. 정말 고맙습니다. 선생님!"

그는 '고맙습니다'를 연발하며 내게 술을 권하였다. 나는 정말 생각지도 않았던 기분 좋은 술을 대접받았다.

고등학교 시절 나는 자취방에서 초등학생들을 십여 명 모아 가외를 하며 고학을 하였었다. 그때 윗글의 아이처럼 한글도 모르고 말썽꾸러기인 한 아이를 맡아 공부를 가르쳤던 일이 있었다. 그때, 나는 그 아이를 진심으로 내 동생처럼 가르쳤다. 같이 야구도 하고 구슬치기도 하며 칭찬으로 그가 한글을 깨우치고 정상적인 6학년 학생이 되도록 만들었었다. 그런 그가 열심히 공부하여 대학을 마쳤고, 이제 사회의 일원으로 당구장을 경영하며 원만하게 살아간다니 정말 기뻤다.

칭찬은 꼭 어린아이에게만 필요한 것이 아니다. 칭찬은 누구에게나 필요하고 생활의 활력소가 되며 좋은 인간관계를 맺어주는 촉매 역할을 한다. 지금 당신의 주변에 있는 사람에게 칭찬을 해 주어라. 칭찬하는 습관이 든 당신에게는 좋은 아내와 좋은 이웃과 좋은 친구가 기다릴 것이다.

# 인사하는 방법

나는 사람을 많이 만나는 사람 중에 한 사람이다. 나의 인사법은 특이하다. 한 가지도 같은 인사가 없다. 밥을 먹고 만나는 사람에게는 "점심 맛있게 잡수셨어요?"라 묻는다. 전철에서 만난 사람에게는 "전철 안이 덥지요?"라 묻고 서점에서 만난 사람에게는 "요즘 볼 만한 책이 무엇입니까?"라 묻곤 한다. 며칠 전 강원도 영월에 있는 고씨동굴에 다녀왔다. 일행 중에 고씨 성을 가진 시인이 있어서, "조상님 살던 집에 다녀오니 기분이 어떠세요?"라고 물어 웃은 적이 있다.

나의 이러한 인사법은 아버지께 교육받은 결과다. 어린 시절, 하굣길에 어른을 만나 "안녕하세요?"라 인사하면 아버지는 곧바로 야단을 치셨다. "아, 이 녀석아, 논에서 인사를 하면 '농사가 잘 되었느냐?' 장에서 만나면 '무얼 사셨느냐?' 방에서 만나면 '구들장이 뜨끈뜨끈 하네요.' 밥을 얻어먹으면 '아주머니 된장이 제일 맛있어요.' 그렇게 그때그때 달라야지 어떻게 한 마디로 '안녕하세요?'라고만 묻느냐."는 말씀이셨다.

지금 생각하니 아버지가 가르쳐주신 인사법 덕분에 내가 작가가 된 것이 아닌가 하는 생각이 든다. 인사법 중에 가장 편한 인사법이 있으니 자연을 견주어 인사하는 방법이다.

"비가 많이 와서 큰일이네요." "더위에 닭이랑 토끼는 괜찮으신가요? 어르신도 더위 잡숫지 말고 쉬엄쉬엄 일하세요.", "눈이 안 와서 큰일이네요. 눈이 많이 와야 봄에 못자리할 때 물이 많은데……."

요즘 아이들이 하는 인사말, "안녕하세요."와 "안녕히 계세요." 두 가지만으로는 우리들의 감정을 드러내거나 위로하기에 턱없이 부족하다. 어떤 아이는 초상집에 가서도 "안녕하세요?"라 묻거나, 길에서 헤어지면서 "안녕히 계세요"라 인사하는 경우를 본다. 분명 병중에 들어서 위로의 말을 건네야 하는데, 안녕하세요라 인사하는 것은 약 올리는 것이나 다름이 없다. 길이나 버스에서 만나 "안녕히 계세요." 라고 인사한다면 거기에 살라는 말인가?

이제 우리들의 인사방법이 그저 안녕을 묻는데만 급급해서는 안 된다. 그러기에는 우리말의 그 많은 어휘력이 측은해진다. 적재적소에 해야 할 말을 해야 바른 인사법이다. 배고픈 시절에는 '밥 먹었느냐'가 최선의 인사였다. 그러나 지금은 그런 시절은 지났다. 이젠 건강이나 패션에 눈을 돌려야 한다. 오랜만에 만나는 상대방에게 '머리 스타일이 달라졌느니, 날씬해졌느니' 하고 인사하는 것은 인사를 받은 사람이나 하는 사람 모두에게 플러스 요인으로 작용할 수 있다.

"그때그때 달라요."란 유행어가 유행한 적이 있다. 우리의 인사방법도 그때그때 달라야 한다. 상대방에게 관심이 있는 말을 물어보는 것은 최선의 인사법이다. 때론 상대방을 모를 땐 계절의 아름다움을 비유해서 “원피스가 담장을 넘고 있는 유월의 장미 같아요.”라든지 “선생님 와이셔츠가 가을 평원을 달리는 얼룩말 닮았어요.”라고 말한다면 얼마나 기분이 좋을까? 글을 쓰는 사람에겐 ‘글이 좋다.’ 미술을 하는 사람에겐 ‘선생님 미술세계는 만날수록 깊이가 있다.’ 음식을 만드는 사람에겐 ‘음식을 씹을수록 감칠맛이 난다.’ 축구를 하는 사람에겐 ‘그때 슈팅이 들어가진 않았지만 내가 지금까지 본 슈팅 중에 제일 멋있었다.’ 꽃꽂이를 하는 사람에겐 ‘꽃보다 선생님이 꽃을 꽂는 솜씨가 좋아 꽃을 산다.’ 옷을 파는 사람에겐 ‘이 옷 가게에서 옷을 사 입기만 하면 왠지 기분이 좋아져서 일이 잘 된다.’ 과일가게에서는 ‘이 과일가게 포도는 둘이 먹다 셋이 죽어도 모를 만큼 맛이 있다.’ 등으로 인사를 건네 보라. 좋은 일이 생길 것이다. 아마도 포도 한 송이가 덤으로 올 런지 모르겠다.

그때그때 다른 인사법은 상대방을 기분 좋게도 하지만 나의 말솜씨를 더욱 세분화하여 다양한 어휘력을 가지는 계기가 될 것이다. 그렇게 인사법을 다양하게 습득해간다면 논술공부 따로 할 필요가 없을 것 같다. 평소 습관이 논술공부고 작문실력이지.

# 지하철에서 생긴 일

나는 보통 때는 버스와 전철을 갈아타며 회사에 출근한다. 어디 멀리 갈 곳이 있거나 물건을 실어야 할 때는 물론 승용차로 출근하지만 요즘 승용차를 가지고 다니려면 기름 값도 만만치 않을뿐더러 주차비도 수월찮게 들기 때문이다. 게다가 술이라도 한 잔 하는 날이면 대리운전을 해야 하니 이래저래 비용이 들어가기에 아예 차를 놔두고 버스와 전철을 번갈아 타며 출퇴근하는 것이 이젠 습관이 되어 오히려 편하다.

후미진 동네에 살아서 그런지 아침 출근시간이면 버스가 어떤 때는 20여분씩 기다려야 하는 때는 정말 신경질이 날 때도 있지만 그러나 늘 감사하는 마음으로 사는 나로서는 그런 시간에 오히려 시를 짓거나 책을 보는 등 나에게 투자하는 시간으로 생각한다.

전철과 버스에서 앉고 싶은 마음이야 어디 나뿐이랴. 내가 앉고 싶으면 나이든 분들은 더 앉고 싶을 것이고 가녀린 여학생들이나 직장여성들 역시 힘든 하루를 견디는 것이기에 나는 보통 자리가 나도 잘 앉지 않는 편이다.

두 달 쯤 된 일이다. 그 날도 여느 때와 똑같이 아침드라마를 보고 출근채비를 하였다. 아내는 얼른 나가지 늦게 나간다고 성화다. 대신 저녁 늦게까지 일하는 것에 습관이 든 나는 아침 출근은 좀 늦게 하는 편이다.

녹번역은 전철을 타려고 내려가는 계단을 사이에 두고 게이트가 양쪽에 있다. 나는 버스에서 내리기 때문에 주로 왼쪽 게이트를 이용하는데, 개찰하고 들어가려 하니 오른쪽 게이트 방향에서 어떤 중풍이 드신 남자분이 길 가운데 서서 작은 종이쪽지를 나누어 주신다. 나와 마주치는 방향이 아니라서 나는 전철을 타려고 계단으로 내려왔다. 그러나 무엇인가 궁금했기에 계단을 다시 올라갔다.

"아저씨 뭐예요?"

물으니 중풍이 든 50대 후반의 아저씨는 한 쪽 손에 지팡이를 짚고 한 쪽 손으로 명함을 나누어주고 있었다.

"아, 우리 아들이 이번에 아주 좋은 이삿짐센터에 취직을 했는데 이사하실 분이 있으면 우리 아들 회사에서 이사하시라고 명함 돌리러 나왔어요."

"아, 그러세요. 어디 보세요."

내가 아는 체를 하자 아저씨는 자랑스럽고 당당하게 명함을 건네신다.

그 명함에는 '00포장이사'란 상호와 함께 아들 이름이 직책도 없이 쓰여 있었다. 중풍 드신 아버지의 병원비를 마련하기 위해 이삿짐센터에 취직을 한 아들……. 그 아들이 대견스럽고 좋아 중풍 드신 몸으로 명함을 돌리려 지하철역 계단을 내려오신 아버지……. 세상은 그렇게 아름다움으로 유지되는가 보다.

"아, 이 회사 정말 좋은 회사네요. 저도 잘 아는 이삿짐센터인걸요. 꼭 다른 사람에게 소개할게요."

나는 잘 알지도 못하는 이삿짐센터를 아는 척하며 기쁜 마음으로 명함을 받아가지고 돌아섰다. 며칠 동안 지갑을 열면 맨 위 면허증이나 주민등록증을 끼워 넣으라고 만들어진 비닐에 명함을 끼워 다녔다. 그러던 중 한 동네 사는 친구네가 이사를 한단다. 그 친구네는 우리 부부와 모두 동갑이라 김치 한 포기도 나누어 먹고 시골서 가지고 온 애호박 한 개라도 나누어 먹으며 살갑게 산다.

"야, 우리 친척 중에 이삿짐센터 하는 사람이 있는데 싸게 해 주고 잘 해준다더라. 이번에 이사하면 거기다 시켜. 알았지?"

"그래, 알았다. 전화번호나 알려줘."

그렇게 해서 내 친구네는 그 중풍 드신 아버지가 돌리신 명함에 적혀있는 회사에 그 사람의 이름을 대어 이사를 했다. '소개해준 그 젊은 사람이 얼마나 성실하던지 정말 잘 소개해주었다'며 친구네 부부도 기뻐하였다.

시골에 다녀올 때마다 느끼는 일이지만 아버지는 우리의 차가 보이지 않을 때까지 손을 흔들어주신다. 그게 부모마음이란 거다.

아들이 직장생활 잘하라고, 아들의 직장이 잘 되어 아들이 봉급을 넉넉히 받을 수 있게 되길 빌며 중풍 드신 몸으로 아들의 이름이 쓰인 명함을 아침부터 나와 돌리시는 아버지가 있는 따스한 나라가 우리나라다. 그런 부모님들이 우리나라를 이만큼 잘 살게 했고 우리들을 이렇게 키워내신 거다.

어제 출근 전철은 만원 콩나물시루였다. 한 할머니께서 이른 시간에 나들이하시느라 함께 타셨다. 사람이 너무 많아 잡을 데도 없고 몸이 이리저리 쏠린다.

"아이쿠, 이거 큰 일 났네. 잡을 데도 없구!"

나는 슬그머니 그 할머니의 팔짱을 끼었다.

"아들 같으니까 괜찮지요?"

"그럼 괜찮구 말구, 내가 호강이지……. 우리 아들 또래는 돼 보이는 걸."

할머니는 내게 '몇 살이냐' 묻더니 자신의 큰아들과 동갑이라며 기뻐하신다.

"어머니 아버지는 생전에 계시지?"

묻는 말에 순간 '네!'라 딱 부러지게 대답을 못 했다. 열다섯에 엄마가 돌아가시고 새어머니가 아버지랑 살다 두 분 다 돌아가셨기 때문이지만 앞으로는 당당히 '네, 세 분 모두 돌아가셨어요.'라고 말해야겠다=다. 새어머니가 아버지를 돌봐주셔서 내가 이렇게 자유롭게 나와 사회활동을 하며 살았던 것 아닌가?

이제라도 돌아가신 새어머니께 인사를 드려야겠다.

"새어머니 우리 집에 와주셔서 고맙습니다. 이제 동생 두생이네와는 제가 죽을 때까지 우애 좋게 잘 지낼게요."

한국스토리문인협회 수필 동인
자작나무수필 동인지 2023년 제8집

# 잊지 못할 복숭아 서리

초판인쇄일 2023년 07월 17일
초판발행일 2023년 07월 22일

지은이 : 김남식 외
발행인 : 김순진
편집장 : 전하라
디자인 : 김초롱
펴낸곳 : 도서출판 문학공원
등 록 : 2004년 3월 9일 제6-706호
주 소 : 우편번호 03382 서울 은평구 통일로 633
녹번오피스텔 501호 스토리문학사
전 화 : 02-2234-1666
팩 스 : 02-2236-1666
홈페이지 : https://blog.naver.com/ksj5562
이메일 : 4615562@hanmail.net

※ 책값은 뒤표지에 있습니다.
※ 저자와의 협의에 의해, 인지는 생략합니다.